クルマ社会の
地域公共交通

多様なアクターの参画による
モビリティ確保の方策

野村 実

［著］

晃洋書房

ま え が き

　地域を見渡せば，道路にはたくさんのクルマが走っており，一見すると誰か
が移動に困っているということは想像がつかない．これだけの自動車があって，
なぜ交通弱者や移動困難者と呼ばれる人々の問題が取り沙汰されているのだろ
うか．さらに，都市部に居住して生活を営んでいれば，そのような状況は想像
し難いであろうし，たとえ家族や親戚がそうした過疎地域や地方部に住んでい
ても，普段の生活でどのような苦労があるかは常々考える機会は少ないだろう．

　人口減少や過疎高齢化が急速に進む中で，とりわけ地方部においては，自動
車と運転免許を持つことは生きるために最も重要な条件の一つとなっている．
もちろんライフラインとして公共交通が整備され，生活するに足りるバスや鉄
道の運行本数があるのならば，判断能力や身体的に衰えたことを自覚したある
程度の年齢で運転免許を返納し，危険な運転をすることなく，それゆえ家族に
心配をかけることなく，快適な老後生活を送ることもできよう．

　しかし，実態はどうであろうか．運行本数の少ないバスの時間に合わせて生
活するか，週末には遠方に住む息子・娘が迎えにきて買い物に連れて行ってく
れるからと外出を控えるか，あるいは少しばかり運転に不安はあるが，生きる
ためにハンドルを握るか．生活者の視点からみるクルマ社会の地域公共交通の
問題は，非常に深刻であり，複雑である．

　技術の進展で，いまやモビリティ（移動性，移動可能性）は多様化し，金銭
的・時間的な余裕さえあれば，世界中どこにでも行くことができる．それどこ
ろか，近い将来には宇宙旅行に行くことや，空飛ぶタクシーで都市間を移動が
できるかもしれない．しかし，現代社会においては，町内の商店や診療所にさ
え行くことができない人がいる．このように述べればやや極端なようにもみえ
るが，同じ時代に起きている出来事であり，同じ国で起きていることでもある．
どこにも行ける人もいれば，どこにも行けない人もいる——．クルマ社会にお
いてモビリティが多様化し，拡大する中で潜在化していた諸々の矛盾がいま，
表出し始めているともいえよう．

新幹線や高速道路が「大動脈」と表現されるように，人々の移動はいわば社会の「血流」ともいえる．地域経済や人々の交流を促進し，地域社会全体を活性化するためには，その移動手段は不可欠なものである．たしかに，クルマ社会が進展する中で，全員が自動車と運転免許を保有し，あるいはそれだけの経済的な豊かさがあり，そして混雑せずに時間通りに動くことのできる道路環境があれば，スムーズに「血液」が流れるであろう．もちろん都市部では鉄道やバス，地下鉄といった都市的な移動手段も用意されているし，選択肢も多い．

その一方で，一旦都市を離れると，その状況は一変する．人口減少や過疎高齢化が進み，移動手段の乏しい地域ではこうした「血流」が不活発になり，やがて「壊死」する，あるいはその可能性のある地域も存在している．すなわち，先のように商業・医療施設に行くことさえできない，誰かに会うことさえできないという状況に，緩やかに陥っていくのである．

本書ではこうした課題に対する解決策を，国内外のいくつかの事例から検討していく．従来のクルマ社会に関する研究や論考では，自動車に依存しない方法や，公共交通の復権が目指されて論じられてきたものが多いが，本書ではクルマを前提として，いかに共存し，場合によってはいかにクルマを活用できるかについて，多様なアクターによる先行事例や諸研究から考えていく．

本書の刊行にあたっては，株式会社晃洋書房編集部の西村喜夫氏に大変お世話になり，感謝申し上げたい．筆者が加筆・修正作業に手間取り，ご迷惑をおかけした．また，本書の一部は，JSPS 科研費（特別研究員奨励費，課題番号：16J06555）の助成を受け，出版にあたっては「立命館大学大学院博士論文出版助成制度」による出版助成を受けている．

目　　次

まえがき

序　章　本書の目的と全体構成 ……………………………………… *1*

1．本書の目的　　(*1*)

　1.1．本書の背景

　1.2．本書の問題意識

　1.3．研究の分析視角と新規性

　1.4．事例選択の理論的意義

　1.5．調査・研究方法

2．本書の構成　　(*11*)

第1章　クルマ社会と地域公共交通 ……………………………… *15*

1．クルマ社会の現状と課題　　(*15*)

　1.1．クルマ社会の進展：自家用車保有台数の上昇

　1.2．地方部におけるクルマ社会

　1.3．高齢ドライバーによる交通事故増加の問題

　1.4．代替的なモビリティ確保の方策

2．地域公共交通に関わる法制度と政策動向　　(*24*)

　2.1．地域公共交通の現状と課題

　2.2．地域公共交通に関わる法制度・計画等に関する整理

　2.3．地域公共交通の目指されるべき方向性

　2.4．地域公共交通の法制度と政策動向のまとめ

3．オルタナティブな地域公共交通の展開　　(*31*)

　3.1．公共交通空白地におけるコミュニティバス

　3.2．廃止代替交通としての乗合タクシー

　3.3．ICT 技術の進展によるデマンド交通の台頭

3.4.　自家用車を用いた自家用有償旅客運送

　　3.5.　近年におけるライドシェアの普及拡大

第2章　地域公共交通とモビリティ確保の理論的背景 ……………… *42*

　1.　地域公共交通の制度／政策／実態に関わる研究　　(*42*)

　　1.1.　規制緩和以降の地域公共交通に関する制度分析

　　1.2.　地域公共交通の政策的視点に関する研究

　　1.3.　地域公共交通のアクターへのまなざし

　　1.4.　地域公共交通を対象とした地域社会学的なアプローチ

　2.　モビリティ確保に関する学術的・実践的背景の整理　　(*49*)

　　2.1.　モータリゼーション成立過程におけるクルマ社会への批判的見解

　　2.2.　1980年代における「交通権」に関する議論

　　2.3.　モビリティ確保に関する社会運動的な側面

　　2.4.　なぜ今，モビリティ確保に関する議論が必要なのか

　3.　社会学におけるモビリティ論の展開　　(*55*)

　　3.1.　モビリティとはなにか

　　3.2.　クルマ社会におけるモビリティの変容

　　3.3.　自家用車の「脱私有化」と公共移動のパラダイムシフト

　　3.4.　モビリティと不平等性

　4.　本章のまとめ　　(*61*)

第3章　高齢社会におけるデマンド交通の新たな展開 ……………… *65*
　　　　── 三重県玉城町と長野県安曇野市における社会福祉協議会の取り組みから ──

　1.　高齢社会におけるモビリティ確保の現状と課題　　(*65*)

　　1.1.　高齢者の外出状況に関する若干の整理

　　1.2.　福祉輸送による高齢者のモビリティ確保

　　1.3.　制度・政策の狭間にいる高齢者に対するモビリティ確保の必要性

　　1.4.　高齢者の生活を支えるためのモビリティ確保のあり方

　2.　三重県玉城町における「元気バス」と社会福祉協議会の
　　　取り組み　　(*73*)

目　次　v

　2.1.　三重県玉城町のオンデマンドバス「元気バス」

　2.2.　「元気バス」の取り組みの独自性

　2.3.　交通網形成における社会福祉協議会の役割

3．長野県安曇野市における「あづみん」と社会福祉協議会の
　取り組み　（78）

　3.1.　長野県安曇野市のデマンド交通「あづみん」

　3.2.　住民・自治体・交通事業者の「三位一体」

　3.3.　交通網形成における社会福祉協議会の役割

4．事例から導出されたインプリケーション　（82）

　4.1.　新たな公共交通アクターとしての社会福祉協議会

　4.2.　地域公共交通利用を通じた社会的ネットワークの維持・創出

5．本章のまとめ　（87）

第4章　人口減少社会における次世代型地域交通に関する事例研究… 90
　　　　　── 兵庫県丹波市と京都府京丹後市の事例から ──

1．人口減少社会と次世代型地域交通　（91）

　1.1.　人口減少における地域公共交通の担い手の減少

　1.2.　地域公共交通の文脈における人口減少

　1.3.　次世代型地域交通としてのデマンド交通と自家用車への相乗り

　1.4.　ライドシェア導入に関する議論

　1.5.　近年の地域公共交通における「ニーズ」と「システム」

2．兵庫県丹波市のデマンド（予約）型乗合タクシー　（98）

　2.1.　丹波市デマンドタクシーの概要

　2.2.　「既存の公共交通との連携」を前提としたデマンドタクシーの運行

　2.3.　丹波市都市住宅課へのインタビュー調査から得られた知見

3．京都府京丹後市における自家用有償運送「ささえ合い交通」の
　事例　（103）

　3.1.　京丹後市の概要とこれまでの公共交通施策

　3.2.　「ささえ合い交通」とNPO法人の概要

3.3. スマートフォンアプリを用いた自家用有償運送の位置付けと
　　　　 ウーバー社のシステム提供

　　3.4. 京丹後市と NPO 法人へのインタビュー調査から得られた知見

4．事例から導出されたインプリケーション　　（*109*）

　　4.1. 人口減少下での現存資源の組み合わせ

　　4.2. 次世代型地域交通の今後の展開可能性

　　4.3. 交通モード間の連携と住民参加

5．本章のまとめ　　（*114*）

第5章　都市部における生活ニーズに応じたコミュニティ交通の役割

　　　　——神戸市東灘区住吉台における新交通システムの事例から——…………*117*

1．都市部におけるコミュニティ交通の役割　　（*119*）

　　1.1. モータリゼーション以降の都市交通

　　1.2. 規制緩和以降のコミュニティ交通

2．神戸市東灘区住吉台とくるくるバスの概要　　（*120*）

　　2.1. 研究の方法

　　2.2. 神戸市東灘区住吉台の概要

　　2.3. 住吉台くるくるバスの実証運行

　　2.4. 住吉台くるくるバスの開通

　　2.5. 定期券販売を通じて「住民の声を聞く」

　　2.6. 交通事業者としての姿勢

3．新交通システム"COSMOS"の取り組み　　（*126*）

　　3.1. 新交通システム導入の背景と概要

　　3.2. 新交通システムにおける IT 端末の活用

　　3.3. 新交通システムと持続可能なまちづくり

4．地域社会における新交通システムの役割　　（*130*）

　　4.1. 既存の交通事業者との利害調整

　　4.2. 既存のバス交通と新交通システムの連携

　　4.3. 住民参加による「交通と地域づくり」

5．本章のまとめ　　（*135*）

目　次　vii

第6章　近年の国内外におけるモビリティ確保の事例……………… *138*

1．欧州における新たな交通 "MaaS" の展開　　（*138*）

　　1.1．MaaS による交通サービスの統合

　　1.2．従来の交通サービスと MaaS の差異

　　1.3．地方部等での MaaS の展開可能性

2．ドイツ地方部「住民バス」のケーススタディ　　（*145*）

　　2.1．ドイツにおける「住民バス」の取り組み

　　2.2．アルツベルク町と住民バスの概要

　　2.3．インタビュー調査の結果から

3．わが国における近年のモビリティ確保の事例　　（*152*）

　　3.1．わが国での MaaS の導入・検討状況に関する整理

　　3.2．自動運転のバス・乗用車等の実証実験

　　3.3．国家戦略特区を活用した自家用有償旅客運送：兵庫県養父市
　　　　「やぶくる」の取り組み

4．本章のまとめ　　（*157*）

第7章　交通と社会学……………………………………………… *161*
　　　── 理論的示唆の導出 ──

1．交通と社会学のフロンティア　　（*161*）

　　1.1．社会学からみた交通

　　1.2．社会学は交通問題にどのようなアプローチを行ってきたか

　　1.3．交通を対象とした社会学研究の分析視角と手法

2．事例から得られうる社会学的な示唆　　（*166*）

　　2.1．モビリティの発展と時間概念の変容

　　2.2．モビリティ確保と社会的包摂

　　2.3．地域公共交通におけるローカル・ガバナンス

3．交通研究及び周辺領域への学術的示唆の導出　　（*172*）

　　3.1．地域公共交通に関する研究

　　3.2．モビリティ確保に関する交通権等を主題とした研究

　　3.3．モビリティと交通に関する社会学的研究

viii

終　章　多様なアクターの参画によるモビリティ確保の方策 ……… *180*

　　1．本書のまとめ　　（*181*）

　　2．求められうる解決方策　　（*182*）

　　3．今後の研究課題　　（*184*）

参 考 文 献　　（*187*）

あ と が き　　（*195*）

索　　　引　　（*199*）

序　章
本書の目的と全体構成

1．本書の目的

　本書の目的は，クルマ社会におけるモビリティ確保の方策を，地域公共交通の新展開の事例から提示するものである．特に本書では，近年の地域公共交通のアクター（行為主体）の多様化に着目し，社会福祉協議会や NPO 法人という従来は一般的ではなかったアクターの取り組みを取り上げ，社会学的な視座から分析し，政策的・実践的示唆を導出しようとするものである．その一方で，これまで一般的なアクターとされてきた自治体や交通事業者の役割や取り組みの変化にも目を向けており，複数の事例地域でのインタビュー調査をもとに考察し，モビリティ確保の方策を導出することで，他地域への「選択肢」を提供することを試みる．

　とりわけ近年では，自動運転などの技術開発やカーシェア，ライドシェアなどの新たなモビリティ・サービスの発展といったクルマ社会それ自体の変化が見られつつある．本書でもこうした潮流に着目し，クルマのオルタナティブ（代替）としての地域公共交通のあり方や，あるいは地域住民による自家用車を活用したモビリティ確保の取り組みについて検討している．

　クルマは，いうまでもなく大多数の人々に移動の自由を与え，あらゆる場所や機会へのアクセスを可能にし，また巨大産業として国家の発展に寄与してきた．日本における自家用乗用車の保有台数は，1964 年東京五輪の 2 年後である 1966 年には 228 万台であった．しかし高度経済成長とともに保有台数は急速に増大し，1970 年には 700 万台を超え，そして 2020 年の東京五輪を 2 年後に控えた 2018 年では，6158 万台へと増加している．クルマはすでに国民の生活必需品と化しており，それなしには社会生活を営むことが困難となっている．

さらに，人口減少や高齢化の急速に進む過疎地域や中山間地域では，ますます自家用車が不可欠なものとなり，運転免許を返納することや保持していないことが外出機会を失うことと同義となりうる地域も多い．

筆者が現在行っている地域調査においても，後期高齢者を対象としたアンケート調査では，クルマの運転に不安がありながら，代替的な方策がないために運転を続けざるを得ないケースや，家族や親族が遠く離れて居住していることで，代わりに運転を頼むことができないケースがみられる．また家族や親族と同居していたとしても，運転を頼みづらい場合や，自身のスケジュールで生活を営むことができないことも，潜在化した生活課題ともいえる．こうした中で，過疎地域や中山間地域では，クルマに依存せずに済むような，代替的な移動手段が求められている．

これまでのクルマ社会に関する議論では，「脱」あるいは「反」クルマ社会として公共交通の復権が掲げられてきた．すなわち，モータリゼーションに抗う構図で，自家用車の保有や利用を控えて，地方鉄道や路線バスといった地域公共交通をいかにしてなくさないように守っていくのか，という点に主眼が置かれてきた．しかし，自動車が一般化した社会においては，自動車なしには地域社会やコミュニティを論ずることが困難となっている．

そこで本書では，自家用車の普及や生活必需品化を前提として，クルマ社会の中で地域公共交通はどのような役割を果たしうるのか，あるいは求められているのかを事例から確認していく．本書でも詳述するように，近年，いくつかの地域において自家用車（及びその所有者の「地域住民」）を用いた新たな地域公共交通の実践事例がみられるが，これらは自家用車や地域住民を「既存の地域資源」として捉えて活用しようと試みるものである．

乗合バスや地方鉄道といった地域公共交通はこれまで，住民の足としての役割を果たしてきたが，モータリゼーションによって人々が自家用車での移動を志向する中で，利用者減少やサービス撤退という傾向が全国的にもみられる．こうした文脈で，住民の移動手段の方策を考えることが政策的・実践的に求められており，従来の公共交通アクターである自治体や交通事業者の役割も問われている．一方で，社会福祉協議会やNPO法人，住民組織といった非営利的なアクターによる地域公共交通の展開もいくつかの地域でみられるが，本書で

はこうした実践事例に着目し，取り組みが行われるようになった社会的背景やそのプロセスを紐解いていく．

1.1. 本書の背景

　現代において，クルマ社会と地域公共交通をめぐる問題は多様化かつ複雑化している．特に，日本では過疎地や地方部を中心に，地域公共交通の衰退が顕著になりつつある．したがって，運転免許やクルマを持たない人々は，モビリティが確保されていない状態にある．さらに，とりわけ社会福祉制度の対象外にいる「一般の」高齢者は，たとえ運転技術が衰えて事故の危険があったとしても，その地域に十分な公共交通サービスがなければ，あるいは代わりに運転してくれる人が近隣にいなければ，運転を続けざるを得ない状況にある．こうした背景には，どのような社会的事象があるのであろうか．本書では特に，以下の3点に着目する．

　第1に，モータリゼーションである．自動車はこれまで，人々に移動の自由をもたらしてきたが，その反面，過疎地や中山間地域を中心に，公共交通の需要低減の要因となり，その結果，自家用車や運転免許を持たない高齢者等の人々のモビリティは失われ，移動困難者や交通弱者と呼ばれる人々が表出することとなった．

　第2に，地域社会の変化が挙げられる．地域公共交通の課題は，近年になってようやく顕在化しつつあるが，そもそも交通が不便な地域や移動ができない人々は存在していた．昨今の地域社会を概観すると，非常に動態的な変化の渦中にあるといえる．たとえば，市町村合併による生活圏域の広大化や，家族生活の変化，急速な高齢化と人口減少などの変化が挙げられる．さらに，近年では自治体の財政状況も芳しくない中で，独立採算を前提に考えられている公共交通の運行本数や路線は，採算性がとれないなどの理由で減少させられるという傾向もみられる．

　第3に，制度・政策のギャップの問題である．従来，政策的には高齢者等交通弱者の移動は，福祉輸送や介護タクシーなどの福祉的な移動（移送）手段が担ってきた．しかし，全ての高齢者が要支援・要介護の認定を受けておらず，一方でそれ以外の「一般高齢者」が皆，自力で移動できる体力・運転能力を保

持しているとは言い難い．さらに，福祉輸送は対象を限定する傾向にあるため，福祉的に移動が保障されない層が表出しつつある．すなわち，従来は相互補完的であると考えられてきた公共交通と福祉輸送の関係に，綻びが見え始めており，高齢者等の人々が交通政策と福祉政策のギャップに陥っているのである．

1.2. 本書の問題意識

日常生活の中で，買い物や病院，家族や友人に会いに行くには移動が不可欠であるが，バスや地下鉄，私鉄などの複数の選択肢のある都市部と，生活交通の乏しい過疎地・地方部では，その文脈が異なる．人々が自家用車での移動を志向し，高齢化や人口減少の進行する地域社会において，政策間の狭間にいる人々は，誰によって，そしてどのようなプロセスで移動手段が確保されうるのであろうか．

このような問いのもと本書では，多様なアクターによる地域公共交通の新展開に目を向ける．ここでの「新展開」とは，次の二つの意味を含んでいる．

一方は，従来の交通研究に沿って，新たな交通モード，すなわち運行形態に着眼している．従来の乗合バスや地方鉄道に取って代わって，あるいはそれらと連携して新たにデマンド交通や過疎地での自家用車への乗り合い，タクシー事業者と住民の協働による自家用優勝旅客運送等の取り組みを始めている事例を，本書では取り上げている．

他方では，地域公共交通のアクターの役割に焦点を当てている．これまで運行主体として一般的ではなかった社会福祉協議会（以下，「社協」と略称）やNPO法人，住民組織という非営利的なアクターが地域公共交通の実践に取り組み始めている．これと同時に，自治体や交通事業者という従来のアクターによる取り組みにおいても，その役割や実践に変化が起きていることを指摘する．とりわけ筆者の行ってきたインタビュー調査からは，「なぜ（当該アクターが）地域公共交通に取り組み」，「どのように地域住民のモビリティ確保に寄与しているのか」を明らかにしようと試みている．

さらに，これまで地域公共交通の利用者として捉えられる傾向にあった地域住民であるが，第4章のスマートフォンアプリを用いた自家用有償運送や第5章の新交通システム，第6章の住民バスの事例にみられるように「提供者」の

役割も新たに担うようになってきている．いわば，住民参画によって地域公共交通の「利用者」と「提供者」の境界がきわめて曖昧となり，地域の状況によっては市民・住民の主体的な参画も求められてくるようになっている．特に交通事業に携わる人材不足が問題視される中で，こうした市民・住民の役割変化をどのように捉えていくべきなのか，事例分析を通じて考察していく．

　本書では複数のケーススタディを通して，これらのアクターの役割や役割変化に目を向けている一方で，従来のアクターである自治体や交通事業者の役割を軽視しているわけではない．たとえば第3章は，社協が運行主体となりながらも，自治体から補助金を受託しながら事業を展開している事例であり，第4章では自治体主導でデマンド型乗合タクシーを運行している事例であることから，行政がどのような姿勢で地域公共交通に取り組むべきか，という点も視野に入れながらケーススタディを展開している．第6章でみる欧州の事例でも，新たなモビリティ・サービスの展開において事業者間の連携や公的補助が求められており，ドイツ地方部における住民バスの事例では，地元住民が中心となったボランティア組織が主体となりながらも，行政や地元企業が積極的な支援を行っていることがわかっている．

　このように本書では，複数の地域における多様なアクターが取り組む事例を取り上げることで，クルマ社会における地域公共交通の直面する課題と，その解決方策を網羅的・包括的に提示しようと試みている．

1.3. 研究の分析視角と新規性

　本書は，地域公共交通に取り組む多様なアクターの事例を，社会学的に分析し，実践的なモビリティ確保の方策を提示するものであるが，従来の交通研究では一般的ではなかった社会学的な分析・研究手法を採用する理由として，次の2点を挙げたい．

　1点目に，人々のモビリティ（移動性，移動可能性）への着目である．交通工学や交通経済学による伝統的な交通研究は，当然ながら「交通」を主題としているが，ここで対象としている「人々」は交通利用者を想定する場合が一般的であった．一方で，近年社会的課題として提起されているいわゆる移動困難者や交通弱者，買い物弱者と呼ばれる人々は，必ずしも交通利用者であるとは

限らないし，むしろそうした公共的なサービスから排除されていることが想定される．さらに，モビリティの問題はこれまで語られてきたような，高齢者や障害者に限定した問題ではなくなってきている．

　たとえば運転免許を保有していない子育て世代や若年層，学校の統廃合によって長距離の通学を強いられる子ども，あるいは経済的な事由で自家用車を持つことができない人々は，特に過疎地域や地方部という文脈において，どのようにして社会生活を送ることができるのであろうか．施設へのアクセスはおろか，自らの生活圏域に存在するはずのバスや鉄道，タクシーさえも利用することが困難な人々である．

　近年の社会学においては，モビリティ論の観点からクルマ社会や移動について論じる研究が行われつつある．とりわけ本書で主に参照するのは，社会学者のジョン・アーリ（John Urry）によるモビリティ論であるが，アーリは現代社会における多様な移動のあり方を整理しつつ，モビリティの欠如によるサービスからの排除や，アクセスの不平等性を指摘する．これまでのモビリティに関する社会学的研究の多くは，社会移動や人口移動などのマクロな移動を主な対象としてきたが，アーリはこれに自動車，鉄道，バスなどの，人々の日常的かつ物理的な移動を包含し，現代における自動車社会や交通のあり方を説いている[1]．

　とりわけ，アーリは自動車移動がシームレスであるがゆえに，公共交通等の他の移動手段を「フレキシビリティに欠けた断片的なもの」にしてしまい，バスや鉄道という「19世紀的な」公共移動（moving in public）が優位を占めるパターンは復活しないと述べているが，こうした指摘は，本書でクルマ社会の地域公共交通を扱う上で大きな参照点となりうる．アーリはまた，近年の欧州における自家用車の相乗りや共有について，自動車の脱私有化（deprivatise）という概念を提示している[2]が，これは本書のケーススタディでも扱うスマートフォンアプリを用いた自家用有償運送や都市部における複数の共有サービスを通じた新たなモビリティ・サービスの展開を論じる際の理論的背景となる．

　2点目に，地域公共交通のアクターへの着目が挙げられる．アクターとは，ここでは地域公共交通の行為主体を意味し，従来の自治体や交通事業者に加えて，本書で中心的に扱う社会福祉協議会やNPO法人という新たなアクターも

出現している．伝統的な交通研究を概観すれば，その調査・研究対象は交通モード，すなわちどのような交通形態で運行するか，あるいは公共交通として運営していくための補助体系や採算システムに焦点が当てられてきた．交通モードの文脈ではコミュニティバスやデマンド交通など，従来の路線バスに替わるオルタナティブな手段が検討されてきたが，いずれも万能なシステムとはいえず，補助体系の側面からも，人口減少や過疎高齢化が急速に進行する中で，公的負担の増大を止めることができない現状にある．したがって，従来の交通モードや補助体系という切り口のみでは，地域公共交通の成功／衰退の要因を明らかにすることは困難となってきている．

　そこで本書では，地域公共交通のアクターという新たな変数に着目し，個別の事例を分析しながら，社会福祉協議会やNPO法人，自治体，交通事業者という多様なアクターが地域公共交通に取り組んできたプロセスに着目し，どのように地域住民などと連携・協働を図ってきたのかを明らかにしようと試みる．

　こうした理論的背景には，近年における移動・交通問題への地域社会学的なアプローチによる先行研究が存在している．たとえば齊藤（2012）は，交通分野における社会学の後発性を指摘しているが，交通工学や交通経済学に比べて（交通に関わる調査研究が）大きく立ち遅れてきた社会学には，交通に関する「WHYの問い」という視点に立つ必要性を提示する[3]．さらに，「地域社会のローカリティの記述とその分析（「WHYの問い」とその答え）を得意としてきた社会学こそ，喫緊となったコミュニティ交通の「持続の局面」を探求するうえで，地域社会構造に内在した示唆を与えることができるのではないだろうか」（齊藤，2012: 15）と説明する．こうした指摘から，本書においても，地域社会が直面するモビリティの課題に「なぜ」新たなアクターが取り組み始めているのかを明らかにすることで，他地域への実践的示唆を導出しようと試みる．

　以上を踏まえて本書は，地域公共交通に取り組む国内外の複数の事例から，地域住民のモビリティ確保の方策を検討することで，地域の交通問題を抱える他地域への実践的な示唆と「選択肢」を提示しようと試みている．特に，(1)社会学におけるモビリティ論という観点から現代の交通問題にアプローチしている，(2)地域公共交通のアクターに着目し，各アクターに求められる役割を複数の事例の比較検討を通じて導出しようとしている，という以上2点は，研

究の新規性であり，当該分野の先行研究である社会学と交通研究への一定の学術的貢献が見込まれるものと考える．

1.4. 事例選択の理論的意義

　既述の通り，本書では地域公共交通のアクター／モードの新展開に着目している．それぞれの事例を選択した根拠と理論的意義について，ここで簡潔に示しておきたい．

　第3章で扱う社協によるデマンド交通の展開であるが，従来は地域公共交通の運行主体として一般的ではなかった社協というアクターが，新たな交通モードであるデマンド交通の展開を行っていることに着目している．すなわち，これらは「典型的」な地域公共交通の事例ではない．

　玉城町「元気バス」については，砂田（2015）や土居・可児（2014），安曇野市の「あづみん」は是川（2013）などのケーススタディで事例として取り上げられているが，運行経費やデマンド交通という運行形態に主眼が置かれており，社協の独自性ともいえる住民組織化に努める側面や，交通を基礎としたその他の住民サービスとの連携について，十分に説明がなされてこなかった．そこで本書では，運行主体である社協とその実践に着眼し，地域住民の移動手段の確保に努めながら，住民生活の様々な課題解決につなげていることを取り上げることで，先行研究に新たな視座を付け加えることを試みている．

　第4章については，ともに人口減少が進行している兵庫県丹波市と京都府京丹後市という二つの地域に着眼し，課題解決のための次世代型地域交通の展開を比較検討している．丹波市と京丹後市の事例を選定した理由は，市町村合併の時期や人口規模，市面積など，類似点も多い中で，地域公共交通の新たな展開を異なるプロセスで図ってきていることが挙げられる．つまり，これらの地域を比較することで，外形的には同じような地域でも，多様なアクター／モードの選択肢があることの実証を試みる．また，先行研究において次世代型地域交通に関する研究は，いまだ体系的になされていないため，本書で自治体と住民組織というアクターが次世代型交通を運行する事例を取り上げることで，特に既存の交通との連携・補完関係という観点から理論的な基礎を構築しようとしている．

第5章では，従来一般的であったアクター／モードの組み合わせともいえる，交通事業者がコミュニティバスを運行する神戸市東灘区住吉台の事例を取り上げている．バス運行開始に至る経緯や住民参加の方策は森栗（2013）らが詳細に説明しているが，先行研究では運行開始以後の取り組みや交通事業者の実践には着目されていない．そのため本書では，交通事業者が（とりわけ運行開始以後に）地域でどのような取り組みを展開してきているかに焦点を当てることで，先行研究に新たな視点を付け加えることと，政策文書等で提示されている交通事業者による「住民との協働」の具現化を試みている．

また本書では，主にモビリティ確保が困難な（あるいは，これまで困難であった）地域を対象として調査研究を展開している．第5章で取り上げる住吉台は，都市部の中に位置している住宅街ではあるものの，急な勾配の坂道も多く，徒歩で買い物や病院に行くことは困難な地域である．したがって，住吉台での事例を参照することは，都市内交通空白地や，都市部で潜在化する生活問題の解決につながりうるものと考えられる．

第6章では主に，欧州の事例を取り上げている．欧州での取り組みは，特にデマンド交通やライドシェアの文脈で，先進的な実践を行ってきているため，参照する意義は大いにあるといえよう．一方で，ドイツ地方部におけるローカルな住民バスの取り組みにも焦点を当てている．ザクセン州ノルトザクセン郡アルツベルク町という小規模な自治体の事例に着目する理由としては，同町での取り組みは住民の主体的な活動という，ドイツ国内の典型的な住民バスの実践を基礎としながら，行政や地元企業との協働を成り立たせているという独自性を持っている点が挙げられる．とりわけ，郡長や町長が積極的に住民バスの取り組みを支援している点も，日本の地方部への実践的示唆をもたらすものと考える．

1.5. 調査・研究方法

本書では複数の事例地域を対象として，現地での半構造化インタビュー調査を基礎に，ケーススタディを展開している．以下では，本書のケーススタディに際しての調査・研究方法を記しておく．

まず，2013年に行った玉城町（10月），安曇野市（8月）への実地調査では，

ともに社協を対象として，運行主体を担っているデマンド交通の概要をインタビュー調査で尋ねている．主に利用人数やシステム，公共交通が高齢者の外出促進にどのように作用しているかについて質問を行った．続いて，2014年に行った補足調査（ともに8月）では，前年に尋ねた概要をもとに，社協が運行主体を担うようになったプロセスについて尋ね，地域福祉の視点からどのように交通弱者の外出促進，モビリティ確保に資することが可能となっているかについて質問を行った．

　補足調査ではまた，今後普及が進んでいくことが予想されるデマンド交通が，他の自治体で導入される際の留意点について，そして玉城町，安曇野市が導入にあたって実際にどのような協議を行ってきたかを尋ねている．玉城町に関しては，2015年11月，2016年4月，2018年7月にも訪れ，社協などのアクターへのインタビュー調査を行っている．2016年4月の調査ではまた，玉城町長と玉城町生活福祉課長を対象に，自治体と社協の連携の実態や，医療・教育・福祉等の政策間連携の可能性について尋ねている．

　2016年2月には，兵庫県丹波市，京都府京丹後市を対象地域として，どちらも自治体に対してインタビュー調査を行っている．京丹後市では，2016年5月から同市内の丹後町で「ささえ合い交通」が新たに開始されたことに伴い，2016年6月に，同じく自治体を対象に，「ささえ合い交通」の導入経緯や，NPO法人との連携状況について尋ねている．2016年11月にも京丹後市を訪問しているが，その際には自治体に加え，「ささえ合い交通」の運行主体であるNPO法人にもインタビュー調査を行っている．

　2016年2月にはまた，神戸市東灘区住吉台での「住吉台くるくるバス」の運行概要を尋ねるため，同地域を訪れ，みなと観光バス株式会社の定期券販売に同行するとともに，バス運行開始以後の交通事業者の取り組みなどを尋ねている．2017年3月，5月にも補足調査として同地域を訪れており，この際にも住宅街での定期券販売に同行し，定期券・回数券購入者の地域住民にも，バス利用状況や交通事業者との関わりについて尋ねている．

　2017年8月には，ドイツ連邦共和国のザクセン州ノルトザクセン郡アルツベルク町で，町長と地元住民で組織されたボランティア団体を対象に，住民バスに関するインタビュー調査を行っている．調査では，特にバス運行開始まで

の経緯や，どのような属性の地域住民がドライバーを担っているのか，そして行政がどういった補助を行っているのかを尋ねている．

2．本書の構成

本書は**図 序-1** の通り，序章・終章及び7章から構成されている．

第1章では，クルマ社会における地域公共交通の法制度・政策動向・実態に関する整理を行う．法制度などに紙幅を割く理由として，2000年代以降の地域公共交通を取り巻く状況が非常に動態的であり，これに伴い多様な法制度・

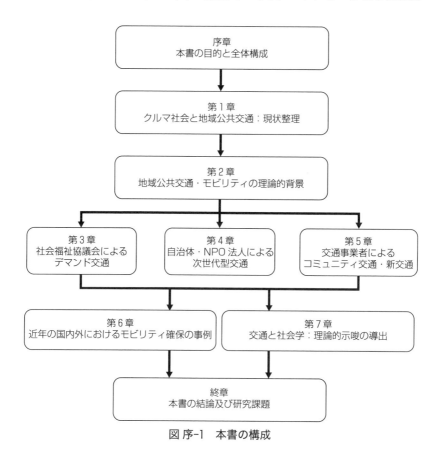

図 序-1　本書の構成

計画等が策定されているからである．また近年では，高齢者のモビリティ確保に焦点を当てて国土交通省内で検討会が設置されるなど，地域住民や交通利用者の側に立った議論が行われていることも特筆すべき点である．さらに第1章では，地域公共交通の実態として，廃止代替交通が地域社会でどのような役割を果たしてきたのかを簡潔に整理し，第3章以降で取り上げるデマンド交通や次世代型交通の全体像をあらかじめ把握しておく．

第2章では，地域公共交通とモビリティ確保の理論的背景として，交通工学・交通経済学によって蓄積されてきた交通研究と，社会学・地域社会学が試みている新たな交通研究の可能性を模索する．加えて，モビリティ確保の理論的背景として1960年代以降の交通権をめぐる議論や社会運動的な側面にも言及し，高齢者と障害者のモビリティ確保に関する論点の差異や，各主体が果たすべき役割を考察している．

第3章では，三重県玉城町と長野県安曇野市における社協の運行するデマンド交通の事例を取り上げる．とりわけ，これまで地域公共交通の運行主体として一般的ではなく，かつ交通事業を専門としてこなかった社協というアクターが，なぜ多くの利用者を獲得しているのかという視点に立って，社協や自治体へのインタビュー調査から考察している．また，こうした地域公共交通の新たな展開を通じて，地域住民の新たなつながりが創出される可能性や，社会的ネットワークの維持の促進に寄与する可能性についても検討している．

第4章では，兵庫県丹波市と京都府京丹後市における自治体・NPO法人の運行する次世代型交通の事例を取り上げる．これら二つの地域は，いずれも同時期に合併し，近年は急速な人口減少と高齢化の影響を受けている地域であるが，両地域へのインタビュー調査からは異なる経路での地域公共交通の新たな展開が試みられてきたことがわかった．丹波市では，既存の公共交通との連携を前提としてデマンド型乗合タクシーが導入され，京丹後市では「タクシー空白地」となった地域の代替交通として，スマートフォンアプリを用いた自家用有償運送の取り組みを始めており，いずれも地元タクシー企業や地元住民という「現存資源」を組み合わせながら効率的に，新たな交通を展開している．

第5章では，神戸市東灘区住吉台における交通事業者が運行主体であるコミュニティ交通の事例を取り上げる．同地域で「住吉台くるくるバス」を運行す

るみなと観光バス株式会社は，運行開始以後，地域住民が生活する住宅街で，月に4回ほど定期券・回数券の販売を行っているが，こうした場での地域住民との会話を通じて，運行への意見や改善要求をインフォーマルに聞き入れてサービス等の改善につなげていることがわかっている．また同じく第5章では，2016年3月に住吉台とその周辺地域で実証実験として行われた新型交通の取り組みにも着目しており，住民参加のもとでのライドシェアやカーシェア，タクシーへの相乗りが検討された経緯も，交通事業者へのインタビュー調査から部分的に明らかにしている．

続く第6章では，欧州における先進事例から新たな交通の展開と，住民主体でバスを運行するドイツ地方部の事例，さらに国内における近年の実践を取り上げる．欧州では，MaaS（Mobility as a Service；サービスとしてのモビリティ）という新たな概念が提起されており，複数の交通サービス間の連携を行うことで，ICTの利活用を通じたより利便性の高いモビリティ・サービスを提供しようと試みている．ただ，欧州では技術開発に依存するのみではなく，たとえばドイツでは，地域住民によるローカルな活動をもとにしたバスが取り組まれている．そこで住民の主体性・自発性を引き出しながら行政が財政支援等を行うドイツ地方部の住民バス（Bürgerbus）の事例に着目し，日本の過疎地・地方部で交通事業者の撤退した地域への実践的な示唆の導出を試みる．

第7章では，補足的に「交通と社会学」に関する諸研究を参照しつつ，複数のケーススタディをふまえた理論的示唆の導出を試みる．具体的には，第1節では「交通と社会学のフロンティア」として，社会学は交通をどのように扱ってきたのかという歴史的な文脈を整理し，交通を対象とした社会学研究の果たす役割についても検討していく．続く第2節では，事例から得られうる社会学的な示唆として，①モビリティの発展と時間概念の変容，②モビリティ確保と社会的包摂，③地域公共交通におけるローカル・ガバナンスについて詳述する．第3節では，交通研究及び周辺領域への学術的示唆の導出として，第2章で整理してきた交通研究への応答を試みる．

終章では，本書のまとめとして，実践／政策／理論という三側面から本書全体を振り返り，モビリティ確保の方策を提示する．とりわけ差し迫った課題である高齢ドライバーによる交通事故増加や，これからの地域公共交通における

複数のアクターの連携・協働のあり方を詳述した上で，本書の研究課題を提示する．

注

1) Urry, J. (2007) *Mobilities*, Polity（吉原直樹・伊藤嘉高訳『モビリティーズ　移動の社会学』作品社，2015 年）．

2) Urry, J. (2005) "The 'system' of Automobility" in Featherstone, M., N. Thrift, and J. Urry, (eds.), *Automobilities*, SAGE Publication Ltd.（近森高明訳『自動車と移動の社会学　オートモビリティーズ』法政大学出版局（新装版），2015 年）．

3) 齊藤康則（2012）「転換期におけるコミュニティ交通の展開とその課題──日立市塙山学区「木曜サロンカー」をめぐる地域住民と交通事業者の協働」『東北学院大学経済学論集』第 179 号，13-30 頁．

第1章
クルマ社会と地域公共交通

　自動車はいうまでもなく，人々の生活に恩恵をもたらしてきた．モータリゼーションが進展する中で，過疎地域や地方部では自動車をなくして生活を営むことが困難な状況にある．買い物や病院に行く，役所に何かしらの手続きをしに行く，習い事に行く，コミュニティに出入りする，子育てをするといった，ごく普通の生活を送るためにいまや自動車は不可欠である．

　こうしたクルマ社会の中で，路線バスや乗合タクシーといった地域公共交通には，今どのような役割が求められているのだろうか．運転免許や自家用車を保有しない人々にとって，地域公共交通は重要なライフラインの一つであるが，不採算による交通サービスの路線減少・撤退は不可避なものとなり，人口減少の進む自治体では税収の落ち込みにより，補助金による事業者の引き止めが難しいものとなっている．

　クルマ社会において，バスやタクシー，そして時にはマイカーさえも供給主体となりうる地域公共交通は，機能不全に陥っているのであろうか．人々は，いつごろから，なぜ，いかにして自動車に依存するようになったのであろうか．本章では，クルマ社会の地域公共交通を論ずるにあたっての前段となる議論として，クルマ社会及び地域公共交通の現状とその動態を，統計データや政策文書，白書等から把握していく．

1．クルマ社会の現状と課題

　西村（2007）によれば，クルマ社会とは「通例，自動車が過度に選好されている社会」とされており，結果的に自然環境の破壊や利用者減少による公共交通衰退などをもたらすという意味で，消極的な意味合いを含んでいるものといえよう．クルマ社会という言葉はまた，一般的には，自動車が中心となった地

域社会や，自動車利用を前提として構築された都市や地域，あるいは公共交通での移動が困難な地域社会のことを説明する際に用いられる．

Urry（2007＝2015）のいうように，自動車は資本主義社会における典型的な製造物であり，大量生産のＴ型フォードやジャスト・イン・タイムのトヨタ生産方式に代表されるように，産業社会の発展に寄与してきた．また，自動車はいまや単なる交通システムではなく，一つの生活様式として成立しており，自動車や運転免許を保有することがステータスや「大人であること」の証にもなりうる（Urry, 2007＝2015: 172）し，高齢者にとっての「自立の象徴」でもある（所，2018: 73）．

一方で，自動車が前提として社会が構築されていく（あるいは，されている）とするならば，そこにはいくつかの弊害が生じる．たとえば何らかの理由で自動車を保有しない，保有できない層の人々は，どのように移動すればよいのかという問題も，その一つである．これは高齢者や障害者に限定した話ではなく，子育て世代や学習塾や習い事に通う小学生も，時間帯や状況次第ではいわゆる「交通弱者」となりうる．

また，近年ますます問題となっているのが高齢ドライバーの問題であるが，これまで「生活の足」を担ってきた息子や娘，あるいは孫が同居していない，近隣に居住していないというケースも出てきている．すなわち，これまでは家族が近くにいることが前提であったため，運転免許を返納することや，返納後にどういった生活を送ることができるかを一定程度，想像することができた．しかし，自分の子や孫が離れて（都市部等に）暮らしている場合，代わりに運転を頼むことはできないし，反対に子や孫も，運転をやめるよう説得するのは容易ではなくなってきている．

こうしたことから，高齢ドライバーや運転免許返納，さらには地域公共交通をいかに維持していくのかという問題は，構造的に捉えていく必要があるものと考えられる．換言すれば，これらは突発的に起きた問題ではなく，いくつかのフェーズを経て，社会問題や生活問題として現代に立ち現れている．そこで，本節ではまず，自家用車がいかにして社会に普及したのかを概観した上で，近年における高齢ドライバーと運転免許返納に関する議論の整理や，地縁・血縁に基づく旧共同体の崩壊といった課題についても言及していく．

1.1. クルマ社会の進展：自家用車保有台数の上昇

　自家用車の保有台数の経年変化をみていくと，1966年は228万台であった自家用乗用車の台数も，1972年には1千万台，1989年には3千万台へと急増し，2014年には6千万台を超えている．国土交通省による2018年6月に報告された「交通政策白書」（「平成29年度交通の動向」及び「平成30年度交通施策」）では，運転免許保有者数は総人口の64.9%であり，15歳以上人口の74.0%であることが指摘されている．

　図1-1にもあるように，自動車はわずか半世紀ほどで飛躍的に普及し続けている．それと同時に，自動車は人々の生活に入り込み，地域によっては自動車が生活の中心に据えられ，それなしには生活できないという生活様式が確立されている．

　また，運転免許（バイク等も含む）の保有者数も増加しており，とりわけ男女比は漸次的に変化していることが図1-2からみてとれる．1970年での運転免許保有者の男女構成比においては，女性はわずか18%であったが，1990年代後半には40%を超えており，近年では男女に大きな差はみられない．なお，2015年時点では運転免許取得可能な16歳以上のうち，男性の85.6%，女性の

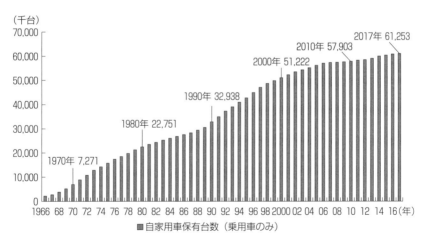

図1-1　自家用車保有台数（乗用車のみ）の推移
出典：一般財団法人自動車検査登録情報協会「自動車保有台数の推移（軽自動車を含む）」〈https://www.airia.or.jp/publish/statistics/ub83el00000000wo-att/hoyuudaisuusuii30.pdf〉（最終閲覧日 2018年9月6日）より筆者作成．

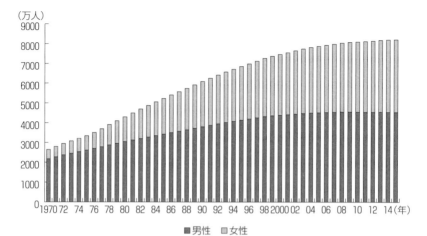

図 1-2　運転免許保有者数の年別推移

出典：警察庁「運転免許統計　平成 27 年版」〈https://www.npa.go.jp/toukei/menkyo/pdf/h27_main.pdf〉（最終閲覧日　2018 年 9 月 12 日）より筆者作成.

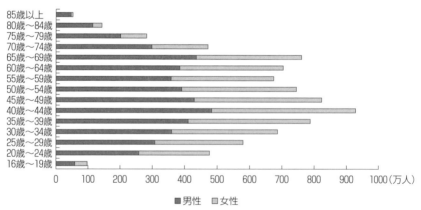

図 1-3　男女別運転免許保有者数と年齢層別保有者（平成 27 年末）

出典：内閣府「平成 28 年交通安全白書」〈http://www8.cao.go.jp/koutu/taisaku/h28kou_haku/zenbun/genkyo/h1/h1b1s2_3.html〉（最終閲覧日　2018 年 9 月 12 日）より筆者作成.

64.8％が運転免許を保有している[1]．

　図 1-3 では男女別の運転免許保有者数と年齢層別の保有者を示しているが，特に高齢女性は他の年齢層や男性と比較しても，保有者数が極端に少ないことがわかる．もともと運転免許を取得していない層や，保有していなくとも配偶

者（夫）や家族（息子・娘等）が送迎してくれるためにそもそも取得する必要がなかったという層の人々も，ここには含まれるものと考えられる．

　また，高齢者の外出率を運転免許の保有／非保有別でみた場合には，非高齢者では免許の有無にかかわらず 8 割以上の人が外出しているが，65 歳以上の高齢者で免許非保有者の場合は，免許保有者より約 2 割も外出率が低いことがわかっている[2]．とりわけ，小規模な地方都市では免許の有無による外出率の開きが顕著であり，免許を持たない高齢者の場合は外出率が 4 割程度に落ち込んでいる[3]．

　したがって，運転免許のあるなしにかかわらず，公共交通等のインフラを整備していくことが求められているといえる．しかし，後述のように過疎地域や中山間地域ではバスなどの公共交通を維持することすら困難であり，実質的に運転免許を持たないことは社会生活を営む上での基礎的な条件が整っていないことと同義となってしまうのである．

1.2. 地方部におけるクルマ社会

　次に，地域別に自家用車の普及状況をみていきたい．一般財団法人自動車検査登録情報協会によれば，2018 年 3 月末における自家用車の世帯当たり普及台数は 1.058 台となっている．1976 年に 2 世帯に 1 台，1996 年に 1 世帯に 1 台となり，2006 年には 1.112 台と過去最高の普及台数となった．

　世帯当たりの普及台数を都道府県別でみてみると，**表 1-1** にもあるように，福井県が 1.746 台と最も多く，次いで富山県の 1.694 台，山形県の 1.677 台となっている．反対に，最も少ないのは東京都（0.439 台）であり，大阪府や神奈川県，京都府や兵庫県など，大都市を含んでいる地域では世帯当たり普及台数が 1 台以下となっている．

　図 1-4 では，三大都市圏と地方都市圏における代表交通手段の利用率を示している．これは移動の際に用いた交通手段の利用率を意味しており，地方都市圏では自動車・二輪車に極度に依存していることがわかる．経年変化でみても，地方部では 1987 年には自動車・二輪車は 66.4％であったが，2015 年には 75％近くまで上昇している．一方で，三大都市圏の自動車・二輪車の割合をみると，2000 年代の前後に一度上昇しているが，2015 年には 47.7％まで減少し，

表 1-1　自家用乗用車の世帯当たり普及台数
（上位 5 位，平成 30 年 3 月末）

順位	都道府県	世帯当たり普及台数	保有台数	世帯数
1	福井	1.746	51,644	292,518
2	富山	1.694	709,095	418,653
3	山形	1.677	693,912	413,685
4	群馬	1.634	1,374,564	841,085
5	栃木	1.611	1,331,957	826,672

出典：一般財団法人自動車検査登録情報協会 News Release「1 世帯当たり 1.058 台に（平成 30 年 8 月 15 日）」〈https://www.airia.or.jp/publish/file/r5c6pv000000m0l8-att/r5c6pv000000m0ln.pdf〉（最終閲覧日　2018 年 9 月 6 日）より筆者作成．

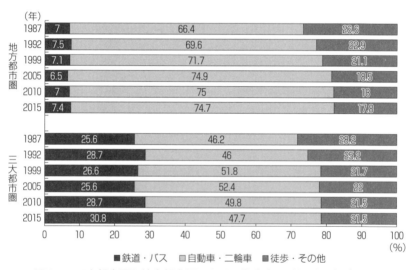

図 1-4　三大都市圏と地方都市圏における代表交通手段利用率（平日）
出典：国土交通省「平成 27 年版全国都市交通特性調査結果（速報版）」より筆者作成．

鉄道やバスの公共交通の割合が高まっていることがわかる．

　より細かな類型別にみた代表交通手段利用率について，図 1-5 に示している．とりわけ地方中心都市圏や周辺都市における自家用車依存の傾向は顕著であり，都市部の鉄道やバスの利用率と比較すると対照的な結果となっていることがわかる．加えて，地方都市を中心に自動車への同乗の割合も一定数あることは特

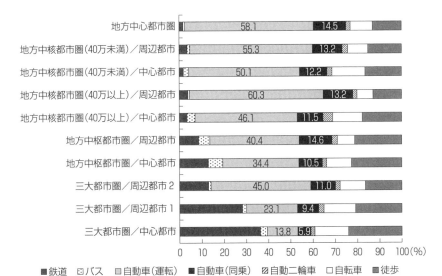

図 1-5　都市類型別の代表交通手段利用率（平日）
出典：国土交通省「全国都市交通特性調査　集計データ1(2)_都市類型による違い」より筆者作成.

筆すべき点である．

1.3. 高齢ドライバーによる交通事故増加の問題

　自家用車の保有台数や運転免許の保有者数は増加しているが，とりわけ高齢者にフォーカスすれば，先述のように運転免許を保有しない層の人々は外出率が低い．一方で，運転免許を保有していて頻繁に外出している高齢者であっても，判断能力の衰退や豊富な運転経験による自身の運転技術への過信から，交通事故につながる可能性がある．

　近年ではこうした，いわゆる「高齢ドライバー」による交通事故の増加が問題視されている．図 1-6 では，交通死亡事故における 75 歳以上の高齢者の構成比を示しており，死亡事故の件数そのものは減少しているものの，構成比は 5 ％以上増加していることがわかる．人的要因については，「ハンドル等の操作不適」が最も多く，そのうちのブレーキとアクセルの踏み間違いに関しても，75 歳以上の高齢運転者は，75 歳未満の運転者と比べてもその割合が高い[4]．

　2017 年 3 月には改正道路交通法（以下，「改正道交法」と略称）が施行され，

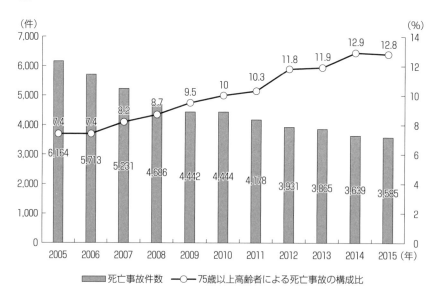

図1-6 交通死亡事故における75歳以上の高齢者の構成比
出典：2017年2月22日「高齢運転者交通事故防止対策に関する有識者会議」配布資料「75歳以上の高齢運転者に係る交通事故の現状（平成17〜28年）」より筆者作成.

　75歳以上の運転免許を持つ人は，認知機能の状況に応じた診断や講習の機会が増加することとなった．特に，認知機能検査で「認知症のおそれあり」と判定された場合には，違反の有無にかかわらず医師の診断を受けることが義務化されている．

　ただし，この改正道交法について所（2018）は，① 認知症専門医不足による医療現場の混乱（＝激増する高齢ドライバーに対してそれを診断する医師が足りない），② 自動車教習所の施設など高齢者講習現場の確保の問題，③ 認知症のみに対象を絞っているため，それ以外の運転に不適な疾病を抱えた高齢者に対応できない，という3点のほか，免許返納後のサポートシステムの不備についても指摘している[5]．

　高齢ドライバー自身が加害者となり，子どもが被害者となる交通事故も起きていることで，その対策が迫られている[6]．加えて，近年では，こうした高齢ドライバーの中でも，認知症のおそれがあると判定された人々の運転免許の取消し等の可否への注目が集まりつつある．一方では認知症のおそれがある人々が

自家用車を運転することで，交通事故のリスクが高まることを意味するが，他方では認知症のおそれがある人々でさえも自家用車の運転を「強いられている」という社会状況への疑義や，運転免許の取消し等の処分を行ったのちに，そうした人々のモビリティはいかにして確保されるのか，という問題提起もなされるべきであるといえよう．

　したがって，高齢ドライバーは自家用車や運転免許を保有していたとしても，加齢による運転技術及び判断能力の低下は避けられず，これによる交通事故発生のリスクも高い．ただ，高齢者が運転免許を返納しても，代替的なモビリティが確保されていない地域も多く，結果的に自家用車での移動を強いられている高齢ドライバーも，潜在的な交通弱者であるともいえよう．

1. 4.　代替的なモビリティ確保の方策

　これまで見てきたように，自家用車の保有台数や運転免許保有者数が上昇している中で，これらを「持たない層」の人々の移動手段を考えていく必要がある．たとえばバスやタクシーという公共交通がその一つであるが，後述のように苦境に立たされている．そのため先にみた高齢者の運転免許返納の特典として，一定期間（回数）分のバスチケットやタクシーチケットがあったとしても，公共交通サービス自体が使いにくい地域や，いつ廃止されるかわからないという地域も少なくない．

　とりわけ前項でも言及した免許返納後の移動手段については，差し迫った課題として捉えるべきものであると考えられる．もちろん，政府や行政から自主的な返納を促していくことが求められているが，それ以上に，返納した後にどのような移動手段があるのか，それを利用してどこに行けるのかといったことを想像できなければ，ただ免許を取り上げるだけの方策になりかねない．

　現状では，運転免許を「持つ／持たない」の二分論に終始する傾向にあるが，免許保有者に対する「緩やかな」返納促進のアプローチも必要であるものと考えられる．先述のように，改正道交法では75歳以上という区切りがつけられているが，それ以前の段階から，免許を返納したのちにどのような移動手段を使って，どこに行くのか，という日常的なモビリティを構想しておく必要がある．

すなわち，免許の有無で分断するのではなく，免許保有から返納までを連続的なものとして捉えることで，行政側は免許返納と公共交通施策との連携等を取り組みを強めることができ，高齢者等の住民側は免許返納への「準備」をすることにつながりうる，というものである．たとえば現在では，運転免許経歴証明書の提示により公共交通等の割引が受けられるが，高齢運転者にも公共交通を利用するインセンティブがあることで，自家用車への依存を減らしながらバスやタクシーを使うことにもつながるものと考えられる．

2．地域公共交通に関わる法制度と政策動向

前節では，クルマ社会の現状と課題について確認してきたが，ここでは地域公共交通の法制度や政策動向をみていく．2010 年以降の政策動向に着目してみると，2013 年には交通政策基本法が成立し，その 2 年後の 2015 年には交通政策基本計画が閣議決定され，同年には日本で初となる「交通政策白書」が提出されるなど，その動きが活発になっている．

とりわけ，2007 年成立の「地域公共交通の活性化及び再生に関する法律について（以下，「活性化再生法」と略称）」が 2014 年に改正され，地方公共団体が中心となってまちづくりと連携しながら，面的な公共交通ネットワークの再構築が目標設定として掲げられている．また，活性化再生法成立から 10 年を迎えようとする 2016 年 6 月には，国土交通省内で「地域公共交通の活性化及び再生の将来像を考える懇談会」が開催され，活性化再生法改正や，後述の地域公共交通網形成計画の策定に取り組む地域が増加しつつあることを肯定的に捉えながら，一方で，取り組みに着手できていない地域もあることを問題視しており，同懇談会の提言（2017 年 7 月）においては，地域間格差の拡大が指摘されている[7]．

本節では，地域公共交通の現状と課題を概観し，従来の課題に政策がどのように対応してきたのかを整理するとともに，いまだにどのような課題が残されているのかを検討する．とりわけ，本書で論を展開する上で，地域公共交通の現状と課題や，これに関わる法制度や政策動向の確認は欠かせないため，前半部分となるここで深く検討する価値があるものと考えられる．

2.1. 地域公共交通の現状と課題

　法制度や政策動向に関する整理を行う前に，ここでは地域公共交通の置かれている現状について確認していきたい．ここではとりわけ，乗合バスやタクシーなどの道路公共交通を中心に，交通政策白書や関連資料からデータ等をみていく．

　乗合バス事業については図1-7にあるように，三大都市圏以外での地域の輸送人員は，特に平成以後で半減している．一方で，三大都市圏の輸送人員は2012年から若干の増加に転じており，都市圏とその他地域との差異が生じているという点で，注目すべきであるといえよう．さらに，平成29年版交通政策白書によると，一般路線バス事業者の約65％が赤字事業者であり，事業者の経営破綻も各地で起きていることが報告されている．

　2015年の時点でバスは全国で約1万km以上の路線が完全廃止，鉄道は約180km以上の路線が廃止されており，公共交通利用者がさらに減少するという悪循環に陥っている．加えて，公共交通空白地域の面積は3万6377 km^{2}であることが報告されており，これは日本の可住地面積のおよそ30％にあたり，空白地人口は全人口の約5％にあたる約735万人であるとされている．すなわち，日本において人々が住むことの可能な面積のおよそ3分の1は公共交通空

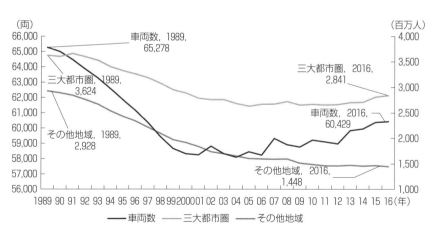

図1-7　バスの車両数，輸送人員及び走行キロ（乗合バス）

出典：国土交通省「自動車関係統計データ」〈http://www.mlit.go.jp/common/001191216.xlsx〉（最終閲覧日2018年9月21日）より筆者作成．

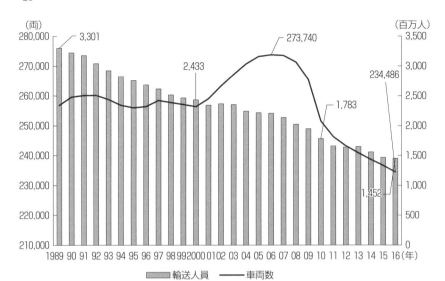

図1-8 ハイヤー・タクシーの車両数と輸送人員の推移
出典：国土交通省「自動車関係統計データ」〈http://www.mlit.go.jp/common/001191214.xlsx〉（最終閲覧日　2018年9月10日）より筆者作成．

白地域であるということを意味する．

　また，タクシー事業においても，都市部・地方部ともに輸送人員は2005年比で約60〜85％とされ，減少傾向にある．図1-8では，ハイヤー・タクシーの車両数と輸送人員の推移を示している．規制緩和以降，タクシー車両は増加しているが，輸送人員は明らかに低下していることがわかる．とりわけ，三大都市圏以外の地域での減少率が顕著であるとされている[12]．平成28年版交通政策白書によれば，タクシー運転者の平均年齢は58.9歳とされており，比較的年齢層の高い労働者に依存しているため，事業全体の持続可能性が問われているとも言える．

2.2. 地域公共交通に関わる法制度・計画等に関する整理

　前項では地域公共交通の置かれている現状について確認してきたが，ここでは主に法制度や計画等に関する整理を行っておきたい．地域公共交通や交通政策をめぐっては近年，法制度の制定・施行や改正などが活発に行われてきてい

第1章　クルマ社会と地域公共交通　*27*

表 1-2　地域公共交通に関わる主要な法制度・
計画等の動向

年	法制度・計画等の動向
2007 年	地域公共交通活性化再生法の成立
2011 年	地域公共交通確保維持改善事業の創設
2013 年	交通政策基本法の成立
2014 年	地域公共交通活性化再生法の改正
2015 年	交通政策基本法に基づく交通政策基本計画の策定

出典：筆者作成.

ることから，その動態をここで把握しておくことで今後の議論の参照点としたい.

表 1-2 では，主に 2000 年以降の地域公共交通に関わる主要な法制度・計画等の動向を簡潔に整理している. 順にみていくと，2007 年に活性化再生法が成立し，地域公共交通の活性化及び再生の意義・目標等が基本方針として掲げられた. ここでは，国が策定する基本方針に従って事業者と市町村が協議会を開催し，地域公共交通総合連携計画を策定することがスキームの中で考えられていたが，のちの改正法によって地域公共交通網形成計画へと変更されることとなった.

2011 年には地域公共交通確保維持改善事業が創設され，地域間交通ネットワークを形成する幹線バス交通の運行，車両購入支援，また過疎地域等でのコミュニティバスやデマンドタクシー等の運行，車両購入支援などが事業内容に含まれている. これによって，複数市町村にまたがる地域間交通に対して，都道府県や市町村を主体とした協議会の取り組みが支援されることとなった.

2013 年には交通政策基本法が成立したが，この基本法については 2002 年頃から国会において検討されており，国土交通省でも 2009 年頃から具体的な検討が開始されていた上に，2011 年には「交通基本法案」として閣議決定され，国会に提出されていた. しかし，国会提出の 3 日後の 3 月 11 日に東日本大震災が発災し，閣議決定後の情勢変化等を受けて，2012 年には衆議院解散により交通基本法案が廃案となっている. 以上のような紆余曲折を経て，2013 年に「交通政策基本法案」が閣議決定し，交通政策基本法が成立した.

A. 豊かな国民生活に資する使いやすい交通の実現	B. 成長と繁栄の基盤となる国際・地域間の旅客交通・物流ネットワークの構築	C. 持続可能で安心・安全な交通に向けた基盤づくり
自治体中心の地域交通ネットワークの再構築 地域の実情を踏まえた多様な交通サービスの展開の後押し	国際交通ネットワークの競争力強化 地域間のヒト・モノの流動拡大	交通関連事業の基盤強化、安全確保 交通を担う人材を確保し、育てる

図1-9　交通政策基本計画の概要

出典：国土交通省「交通政策基本計画について」より抜粋，筆者作成.

　同法では，交通に対する時代の要請に対応するとともに，関係者の協力のもとで施策を策定・実行する体制を構築することとされており，まちづくりと一体となった公共交通ネットワークの維持・発展を通じた地域の活性化などが基本的な施策に定められている．

　2014年の活性化再生法の改正では，先述の地域公共交通網形成計画において，コンパクトシティの実現に向けたまちづくりとの連携や，地域全体を見渡した面的な公共交通ネットワークの再構築といった事項が，従来の地域公共交通総合連携計画に追加された．2007年からの特筆すべき変更事項としては，それまで地域公共交通の実施計画を，「事業を実施しようとする者が策定」であったものが，「地方公共団体が事業者等の同意の下に策定」とされており，地方公共団体の役割が強調されている点が挙げられる．

　さて，表1-2の法制度・計画等の動向に戻ると，2015年には交通政策基本法に基づいて交通政策基本計画の策定という動きがみられた．交通政策基本計画においては，図1-9の概要にあるように，3つの要点が提示されている．自治体が中心となって交通ネットワークの再構築を図る，あるいは地域の実情を踏まえた交通サービスの展開という点は，後述の事例研究で具体事例を提示するものができると考える．

　たとえば京都府京丹後市や兵庫県丹波市の事例では，市町村合併以降に広域となった自治体において，自治体が中心となって新たな公共交通を展開してきている．また三重県玉城町や長野県安曇野市では，社協が中心となって地域の実情を踏まえながら，それまで一般的ではなかったデマンド交通を展開することで，地域住民の移動のニーズに対応している．一方で，自治体や社協が担っ

た場合，**図 1-9** の C. で示される「交通を担う人材」をどのように育てていくかは，議論を深めるべき点である．

　自治体では，公共交通の専門性を持った人材を育てたとしても，人事異動等もあり固定化することは困難であるといえる．また社協が担った場合には，専門的な人材の育成は可能であっても，社協は交通事業の専門家ではないために，交通に関わる専門人材の育成を社協に委ねることは現実的な方策とは言い難い．一方で，地域にどのようなニーズを持った住民がいるかという点では，社協は他のアクターに比べて強みを持っていることも事実である．そうした意味で，各アクターの専門知やアドバンテージをどのように結集させるかということも，論点の一つになるであろう．

2.3.　地域公共交通の目指されるべき方向性

　以上のように，2007 年の活性化再生法を一つの契機として，地域公共交通をめぐる法制度・計画等に積極的な動きがみられた．その結果，活性化再生法の施行以前と比べて，乗合バスや地方鉄道の輸送人員の減少が下げ止まり始めた地域もみられ，こうした取り組みの成果が出始めているといえる[13]．一方で，大都市圏以外での公共交通サービスやモビリティ確保の状況が大幅に改善されている状況にあるとは言い難く，いまだに過渡期にあるといえよう．

　このような状況下で，2016 年 6 月に国土交通省内で「地域公共交通の活性化及び再生の将来像を考える懇談会」が開催され，2017 年 6 月 29 日までに計8 回の懇談会が開催されている．同懇談会が開催された背景には，地域公共交通の計画策定等に積極的に取り組む地域がある一方で，着手できていない地域もあることから，地域間格差の拡大が主な課題として挙げられる[14]．さらに，今後 10 年において地域主体で取り組むという枠組みの下で，それぞれの地域の実情に応じたあるべき姿を目指し，「地域公共交通に関わる各主体が期待される役割を果たすことが望まれる」という文言も，提言概要に含まれている[15]．

　表 1-3 では，同懇談会で出された提言の概要から，地域公共交通の各主体に期待される今後の取り組みを簡潔に整理している．とりわけ，交通事業者のみならず，地方公共団体や地元住民にも一定の役割が求められていることは，注目に値する点である．ただし，各主体にそれぞれの役割が求められるとはいえ

表 1-3　地域公共交通の各主体に期待される今後の取り組み

各主体に期待される今後の取り組み	取り組みの主な内容
交通事業者の経営力強化	経営革新，地方公共団体や住民との協働，地域密着サービスによる多角化
地方公共団体の交通政策の実行力向上	担い手育成，地域公共交通の必要性と実態の認識，地域活性化を視野に入れた対策推進
地元住民の意識改革と主体的な参画	地元住民が地域公共交通の重要性を認識，利用者・住民が地域内交通の企画・運営に参画

出典：地域公共交通の活性化及び再生の将来像を考える懇談会提言概要より抜粋，筆者作成.

ども，そうした主体間の連携・協働も一層，重要な役割を果たしてくるであろうこともここでは指摘しておきたい.

　2017 年 7 月に提出された同懇談会の提言においても，今後 10 年を見据えた地域公共交通の課題として「各主体間の連携不足」が提示されており，特に交通事業者の状況について各主体間の共有が十分に進んでいないことが指摘されるとともに，地元住民が地域公共交通の課題を自らの問題として捉えられるよう，協力しながら検討することが必要であるとされている．そのため，地域公共交通の問題は各地域によってばらつきや濃淡があることは言うまでもないが，そうした中で地方公共団体がリーダーシップをとりながら，あるいは地域住民が「わが町」のこととして主体的に考えながら，地域公共交通の取り組みを強めていく必要がある.

2.4. 地域公共交通の法制度と政策動向のまとめ

　本節では主に，地域公共交通の現状を概観した上で，その法制度と政策動向について整理を行ってきた．急速な高齢化や人口減少という社会の目まぐるしい変化の中で，地域公共交通の置かれている現状は厳しいが，政府としては活性化再生法の制定・改正や，関連する政策立案などを積極的に行ってきたといえる．そうした中で，全国各地において制度や計画に則りながら新たなモビリティ確保の方策を推進してきた地域も出てきており，地域公共交通への関心は地方公共団体，交通事業者，地域住民ともに高まりつつあるといってもよい.

　その一方で，人材育成や財源確保，交通事業の専門性の確保（担保）といった課題も依然として残されており，地域の実情に応じた地域公共交通の「ある

べき姿」は模索されている途中であるといえよう．これは同時に，地域公共交通の参考にすべき事例の蓄積途上であるということも意味する．また，いわゆる成功事例とされる地域について，その枠組み（交通システムや採算性）から判断するのみでは，後述する廃止代替バスと同じような失敗を繰り返す可能性がある．そうした点で，一定の利用者を獲得している事例は，どういったプロセスで交通網を形成し，他のアクターとどのような議論を進めてきたのかを精査することで，自らの地域への応用可能性を検討することができるものと考えられる．

3．オルタナティブな地域公共交通の展開

さて，ここまで述べてきた地域公共交通とモビリティ確保に関する政策動向であるが，これまで地方部では実際にどのようなが取り組みが行われてきたのであろうか．一般路線バスや鉄道に取って代わる地域公共交通として，コミュニティバスや乗合タクシー，デマンド交通などが導入されてきた．これらはいわばオルタナティブ（代替的）な地域公共交通として位置付けられ，交通空白地の解消や交通弱者問題の解決につながるものと考えられてきた．あるいは，ここまで述べてきたように，免許返納や独居高齢者の生活支援といった複数の側面から，自家用車の代替案としての役割も期待されているといえよう．

実際に，導入によって課題解決につながった事例も存在する一方で，この20年弱の間に蓄積されてきた数々の事例によって，その長所や短所が明らかにされつつある．そこで本節では，コミュニティバス等の地域公共交通に着目して，とりわけ本書のケーススタディにおける各事例で用いられる交通形態はどのようなものであるか，あらかじめここで整理しておく．具体的には，①コミュニティバス，②乗合タクシー，③デマンド交通，④自家用有償旅客運送，⑤ライドシェアという，5つの交通形態を取り上げ，その今日的な課題についても検討していく．

3．1．公共交通空白地におけるコミュニティバス

コミュニティバスは，国土交通省のガイドラインの定義によれば，「交通空

白地域・不便地域の解消等を図るため，市町村等が主体的に計画し」，次の方法により運行するものを指している．

(1) 一般乗合旅客自動車運送業者に委託して運送を行う乗合バス（乗車定員 11 人未満の車両を用いる「乗合タクシー」を含む.）

(2) 市町村自らが自家用有償旅客運送者の登録を受けて行う市町村運営有償運送

　以上の定義に従えば，後述の乗合タクシーもコミュニティバスに含まれるものと理解できるが，ここでは主に乗車定員が 10 人程度以上の，マイクロバス等を用いたコミュニティバスについて説明を行う．このコミュニティバスは「路線定期運行」を基本としながらも，自立運営を原則とする一般路線バスを補完すること，さらにはこれと競合することがないように留意・検討すべきであるとされている．

　コミュニティバスの先駆けと言われているのは，1995 年に東京都武蔵野市で運行が開始された「ムーバス」である．自治体が主体的に計画立案を行い，民間のバス会社が運行するという形態で，複数の固定路線を運賃 100 円で利用できることから，大きな注目を集めた．低廉運賃で運行することについては，現在運行されている多くのコミュニティバスでも受け継がれているが，ムーバスのように多くの利用者を獲得している事例は多いとはいえない．

　竹内・古田（2008）の分析によれば，たとえば路線サービスの規模が大きな地域では，市民 1 人あたりの負担額が高いことや，効率の悪さが指摘されているほか，コミュニティバス事業はその目的意識が曖昧で，「為政者や行政の存在証明のためのみに実施されている事例が少なくない」とされている[16]．また，竹内（2009a）は，ムーバスの事例の成功要因を丹念に整理した上で，「ムーバスの功罪」として，コミュニティバスの概念が普及した一方，コミュニティバスの計画面ではなく，形として把握が容易な循環型・100 円運賃へ注目が集まる傾向にあったことを指摘している．また，ムーバスの運行される武蔵野市は，人口密度が 1 万 3 千人／km^2 ほどであり，過疎地や中山間地域，地方部とは条件も異なることがわかる．

　さらには，ムーバス運行以前には高齢者の路上観察調査が行われ，どのような天気の日に，どういった高齢者が，どの場所で休憩するかなどの検討がなさ

れており（土屋，1996），市民，交通事業者，自治体などの関係主体間でも細やかな議論が行われてきたとされている．また，「ムーバス」はスウェーデンにおけるサービスルートのコンセプトを受け継いで作られたものと考えられている（秋山，2009）．これはすなわち，福祉的なサービスの対象範囲ではないが，自家用車や他の公共交通利用が困難な「グレーゾーン」の層を対象とした交通サービスであるが，路上観察調査によってそうした層の移動ニーズを一定程度明らかにし，これを運行につなげてきた点は改めて評価されるべき点であると考えられる．

　たとえば本書の第5章で取り上げる，神戸市東灘区住吉台の「住吉台くるくるバス」もいわゆるコミュニティバスであるが，後述するように地域住民や有識者，交通事業者の間で着実に議論が行われ，交通市民会議やバスを守る会の活動によって運行に関する意見交換や，地域住民のニーズを把握してきている．加えて，交通事業者も単純に運行を委託されるのみではなく，住宅街という地域住民の生活する場所に出向いて定期券販売を行い，利用者から意見やクレームを聞く窓口としての機能を果たしている．ただ，このように地域住民が主体的に取り組みながら，交通事業者も独自の方策を検討し，持続可能なコミュニティバスを運営しているケースはあまり一般的とはいえない．むしろ地域住民はバスに関心を示さず，自治体はただ補助金を出し，交通事業者は運営を任されるという構図がある．

　元来，公共交通空白地域での運行が主な目的であったコミュニティバスであるが，それらの地域に高齢者等の交通弱者がどのぐらい居住しているのか，そして他にどういった課題を抱えているのかを把握することなしに，一定の利用者獲得を望むことは現実的とはいえない．つまり，公共交通空白地域＝高齢者等の交通弱者がいる，ということではないし，それらの人々が必ずしも提供者側の意図に沿って移動しようとするわけでもない．これはコミュニティバスに限らず，後述の乗合タクシー等でも同様であるが，この点をあらかじめ把握しておく必要がある．

3.2. 廃止代替交通としての乗合タクシー

　次に，乗合タクシーであるが，こちらも全国的に導入が進んでいる．とりわ

けデマンド型の乗合タクシーの導入市町村は，2009 年度には 137 であったことに比べ，2015 年度には 362 とおよそ 2 倍に増加している．全国ハイヤー・タクシー連合会の作成する乗合タクシー事例集では，全国 121 の事例が紹介されているが，乗合タクシーの運賃はおおむね 200 円〜500 円に設定されている地域が多い．一部，市域を跨ぐ場合や運行エリアが広域となる場合は 1000 円を超えるケースもあるが，基本的には一般的なタクシーと比べると，低い運賃設定となっている．

　青木（2017）によれば，乗合タクシーの最初の事例は 1973 年の阪急タクシーによる阪急電鉄今津線仁川駅と徒歩圏外にある住宅地間での運行サービスであったとされている．仁川駅周辺は人家が立て込んでおり，急坂も多くバス運行が困難であることから，乗合タクシーの運行が開始されたとしている．これを契機として，主に都市部を中心として乗合タクシーの取り組みがみられるようになったが，過疎地や地方部でも，狭隘な土地や入り組んだ地形が多い地域において，一般的なバス車両よりもセダン型等のタクシー車両が用いられ，サービスが展開されてきた．

　以上の経緯を整理すると，コミュニティバス，乗合タクシーはそのいずれもが比較的人口の多い都市部から始まったサービスであるが，近年ではこれが過疎地や地方部でも導入が進められている．しかしながら，先にも述べたように地理的条件や人口構成が異なる中で，都市部と同じような水準での交通サービス展開は可能であるのかという疑問は残る．実際，コミュニティバス同様に自治体の補助金に基づいて運行されているケースがほとんどで，なかなか利用者獲得に結びつかず，補助金だけが増大していくという悪循環に陥ってしまう事例も少なくない．

　ただ，本書の第 4 章で取り上げる兵庫県丹波市におけるデマンド型乗合タクシーは，たしかに自治体が一定の補助金を拠出しているが，その利用者数は，平成 23 年度の 2 万 1 千人から，わずか 3 年後の平成 26 年には 3 万 2 千人とおよそ 1 万人以上も増加している．さらには，乗合タクシーの運行を通じて，鉄道やバスという既存の公共交通との連携も可能にしている．この事例の要点にあらかじめ言及しておくと，丹波市は乗合タクシー運行前に高齢者 1 万人（市内 65 歳以上人口のおよそ半数）を対象にアンケートを行い，そして市内各団体

による「交通需要把握会議」を開催している．その上で，交通政策に関わる計画や，既存の交通事業者との議論，そしてアンケートにとどまらない自治会や福祉団体各所での説明会も行ってきている．

これらを勘案すると，やはりコミュニティバス同様に地域住民のニーズ把握は不可欠なものであり，交通提供者や政策立案者による「おそらく必要であろう」という推測のみでは，政策と実態の乖離を引き起こすものと考えられる．そうした意味では，丹波市では自治体が主体的に地域住民のニーズ把握に努め，先の自治会や福祉団体各所，たとえば老人クラブもここに含まれているが，そうした場所で住民と対話してきていることは，特筆すべき点である．

ただし，第2節でみてきたように，タクシー事業は全体的に厳しい状況に立たされている．とりわけ地方部では人口減少によって輸送人員は減少しており，採算性が見込めないことから，第4章でみる京丹後市のような「タクシー空白地」の課題を抱える地域も出てきている．すなわち，乗合タクシー事業を展開しようとしてもそれを担うタクシー事業者がいないという問題があることを認識しておく必要がある．

3.3.　ICT 技術の進展によるデマンド交通の台頭

主に 2010 年代以降，日本国内の地方部において，デマンド交通やオンデマンドバスと呼ばれる予約型の交通が台頭し始めた．基本的には乗車定員 10 人前後の車両が用いられ，利用者は電話やタブレット端末等から利用予約を行い，これに応じてサービス供給するという仕組みである．欧米諸国では DRT（Demand Responsive Transport）という呼称で，「需要応答型交通」という意味になる．タクシーとバスの中間的なサービスとして注目され，需要が点在しているような過疎地域等において，予約があるときのみ運行することで，より効率的なサービスが目指された．

特に英国では，ブレア政権下での社会的排除防止に関する対策の一つとして，過疎地でのデマンド交通導入が検討されてきた（Brake et al. [2004], Shergold and Parkhurst [2012]）という背景もあり，欧州等では 2000 年前後から積極的にデマンド交通の研究が行われてきている．

日本のデマンド交通の歴史を概観すると，1972 年の大阪府能勢町における

「能勢デマンドバス」（阪急バスによる運行）が原型であるとされる．のちの2000年に，高知県の「中村まちバス」がフルデマンドで運行されることとなった．従来は，先に述べた乗合タクシーも一部そうであるように，電話での予約が基本であるが，近年ではスマートフォンやタブレット等の端末を用いた予約システムが開発されている．

　阪急バスの能勢デマンドバス導入から，再びデマンド交通へ注目が集まっている理由について，竹内（2009b）は「情報通信技術の進展」とする一方で，中村（2006）は近年のデマンド交通の事例が「技術開発に偏重」であると指摘する．さらに，デマンド交通の導入や実装に向けてはドライバーやオペレーターの一定の人件費，そしてシステム購入・管理費用が必要とされることも事実である．これらのコスト面の問題から，デマンド交通導入を断念する自治体も少なくないことが推測される．しかし，だからといって地域住民のデマンド，すなわち要求に応えなくても良いということはない．運行にかかるコストを抑えながらも，より効率的な，そして住民にとって利便性の高い仕組みを運行主体はじめ各アクターの協働のもとで作っていくことが求められている．

　第3章で取り上げる三重県玉城町と長野県安曇野市の取り組みは，どちらも社協が運行主体となってデマンド交通を展開するという稀有な事例である．なぜなら，社協は交通事業を専門としているわけではない上に，デマンド交通という（起源は古いものの）比較的新たなシステムを導入することは容易であったとも考えにくい．

　ただ，社協にとっては，高齢者等の住民が毎日，デマンド交通を利用することで，日々の体調の変化や体力の衰えなどを把握することができる．また把握するだけでなく，たとえば要介護・要支援の状態にあるような高齢者であれば，別の福祉サービスにつなげることもできる．実際，三重県玉城町では予約の頻度が下がった高齢者に対して，社協の方からアプローチをすることもあるという．一方の安曇野市でも，地域住民によるデマンド交通の利用を通じて，高齢者等の「生活課題」を発見し，どのように解決できるかを考えている．

　つまり，同じデマンド交通というシステムとはいっても，それを担うアクターによって目的や果たすべき役割がやや異なってくることも認識しておきたい．そうした意味では，後述する事例研究において社協や自治体，交通事業者とい

ったアクターの取り組みに着目して，その役割を検討していくことは，一定の意義があるものと考えられる．

3.4. 自家用車を用いた自家用有償旅客運送

わが国においては，自家用車による有償運送は原則禁止であるが，国土交通大臣の許可や登録によって輸送サービスの提供が認められる「自家用有償旅客運送制度」が存在する．ここでは，自家用有償旅客運送（以下，「自家用有償運送」と略称）の概要と現状について簡潔に整理し，今後の活用可能性等について考察していく．

自家用有償運送は，既存のバス・タクシー事業者によるサービス提供が困難な場合に，地域の関係者による協議を経た上で道路運送法の登録を受け，必要な安全上の措置が講じられた上で活用されるものである[17]．なお，実施主体は① 市町村，② NPO 法人等という二つに分けられ，後者には農業協同組合や医療法人，商工会議所等が含まれる．また，自家用有償運送には交通空白輸送と福祉輸送に二種類があり，具体的な種類については以下の図 1-10 を参照されたい．

これまで述べてきたように，自家用車の保有台数が上昇し，バスやタクシー

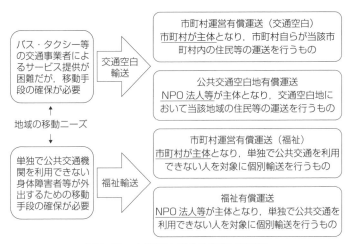

図 1-10　自家用有償旅客運送の種類
出典：国土交通省自動車局旅客課「自家用有償旅客運送ハンドブック」より筆者作成．

という従来の地域公共交通の利用者数が減少している昨今においては，地域住民や自家用車を活用することで，交通空白地や移動困難者のモビリティに関する問題を解決することが試みられている．一方で近年では「ライドシェア」と呼ばれる，個々人が自家用車に相乗りする輸送形態も，主に海外で拡大しつつある．とりわけ大規模な需要が見込まれる都市部でみられる動きであるが，次に，近年のライドシェアの普及拡大についてみていく．

3.5. 近年におけるライドシェアの普及拡大

　主に欧米諸国やアジアの大都市において，ライドシェアのサービスが一般化しつつある．「ウーバー」や「リフト」というスマートフォンのアプリケーションを通じて配車予約を行い，一般市民がドライバーとなって利用者にモビリティ・サービスを提供するという形態が広がりつつあるが，これは日本ではいわゆる「白タク行為」，すなわち道路運送法によって禁止されている．

　特に欧米諸国では一般市民の自家用車へ相乗りするライドシェアが普及しつつあり，タクシー事業さえも凌駕しうるため，世界の各都市でタクシー運転者等によるライドシェアへの反対運動が行われている．日本でも 2016 年に東京等でライドシェア導入に対する反対運動が行われているが，その安全性や誰が責任を追うのかについて精緻な議論を行っていくことが求められている．ハイヤー・タクシー等の労働者組合である自交総連（全国自動車交通労働組合総連合会）によれば，「ライドシェアは，公共交通機関であるタクシーの規制を根本から破壊するもの」であり，利用者の安全とタクシー労働者の生活をも破壊するものであると指摘した上で，ライドシェアの合法化に強く反対している[18]．

　ただ，自家用車への相乗り自体はこれまで，地域住民間においてインフォーマルな形で行われてきており，家族や友人に乗せてもらうという移動形態がみられている．筆者のこれまでの調査でも，買い物から自宅まで徒歩で帰りつつ，近隣住民が車で近くを通ると「乗せてもらう」，あるいは自分の息子・娘の通勤のついでに病院まで送ってもらうといった高齢者が数名みられた．しかしながら，このような移動形態も，先述のような家族社会の変化や人口減少によって少なくなってきており，インフォーマルにカバーされてきた高齢者等の交通弱者のモビリティを改めて考える必要に迫られている．

また過疎地のタクシーについて言及すれば，そもそも事業者が不採算により撤退している地域や，年金受給世帯の高齢者にとってタクシーを日常的に利用するのは経済的困難が生じるといった課題もある．このような文脈で，ライドシェアを展開する企業がシステム支援をしながら，スマートフォンやタブレット等のICTを用いた，地域住民による自家用車のライドシェアを展開しようという試みがみられる．

たとえば第4章で取り上げる京都府京丹後市の「ささえ合い交通」の事例では，2016年5月から，NPO法人が運行主体，地元住民がドライバーとなって，自家用有償運送を展開している．先の自交総連は，この取り組みは世界的にライドシェア事業を展開しているウーバーのシステムを用いているため，京丹後市の事例を発端として他地域でも世界的なライドシェア（のような）サービスが行われるのではないかと危惧している[19)]．ただ，京丹後市においては，第4章で後述するように，「タクシー空白地」が課題となっており，そもそもタクシー事業と「ささえ合い交通」は競合関係にはなかった．むしろ，先に撤退したのはタクシー事業者であり，そこに代替的なモビリティ確保の方策が何かしらの主体によって講じられるのは，妥当な流れであるようにも考えられる．

また，ライドシェアの課題である運転者の管理や事故時の責任については，運行主体である地元のNPO法人「気張る！ふるさと丹後町」が担っており，道路運送法第78条第2条「公共交通空白地有償運送」に則って合法的に運行していることも注視すべきである．2016年8月には，京丹後市に続いて2例目となるウーバーの導入が，北海道中頓別町で行われている．この取り組みは「なかとんべつライドシェア」と称され，京丹後市と同様に地元住民がドライバーとなって高齢者等の交通弱者にモビリティを提供しており，中頓別町は「単に住民の足の確保を目指すだけではなく，共助の仕組みを作り上げること」を目指しているという[20)]．

人口減少や高齢化が進行する中で，すでに述べてきたように地域社会から交通事業者が撤退することは珍しいことではなくなってきている．このような流れの中で，地域住民自身が自らの手でモビリティ確保の方策を講じようとしていることは，どのように評価すべきであろうか．たしかに自交総連の指摘するように，ライドシェアの安全性や責任主体については慎重な議論を重ねるべき

であるが，それだけでは高齢者等の交通弱者のモビリティ確保には至らない．

　そこで，ウーバー等のシステムを用いながら自家用有償運送を展開することで，住民の足の確保やドライバーとしての住民参加，これらを通じた地域住民同士のつながりの構築といった様々なアウトカムが期待される．その実情については第4章で詳述するが，以上のようにここでは，近年におけるライドシェアの普及拡大について，簡潔に整理を行ってきた．

　特に日本では2000年代以降，オルタナティブな交通手段を模索しながら，試行錯誤を行ってきたことがわかる．ただし，いずれの交通モードも万能ではなく，その長所と短所を見極めながら，地域社会が真に求めている地域公共交通の新たな展開を行っていくことが求められる．こうしたことから，2015年に策定された交通政策基本計画では多様な移動手段の組み合わせによる「ベストミックス」の実現が目標として掲げられており，交通モード間での連携やネットワークの構築が必要とされている．多様な交通モードがどのように連携していくべきか，あるいはアクター間での協働をいかに図っていくかについては，MaaS（Mobility as a Service）の議論とも関連するため，第6章で詳しく整理していきたい．

注

1)　内閣府「平成28年交通安全白書」〈http://www8.cao.go.jp/koutu/taisaku/h28kou_haku/zenbun/genkyo/h1/h1b1s2_3.html〉（最終閲覧日　2018年9月12日）．

2)　国土交通省「高齢者の生活・外出特性について」『第1回 高齢者の移動手段の確保に関する検討会配布資料』〈http://www.mlit.go.jp/common/001176318.pdf〉（最終閲覧日　2018年9月12日）．

3)　同上．

4)　平成29年交通安全白書（全文）「平成28年度交通事故の状況及び交通安全施策の現況　特集『高齢者に係る交通事故防止』第13図」〈http://www8.cao.go.jp/koutu/taisaku/h29kou_haku/zenbun/genkyo/feature/feature_01.html〉（最終閲覧日　2018年8月30日）．

5)　所正文（2018）「社会問題としての高齢ドライバー」『高齢ドライバー』第1部，所正文・小長谷陽子・伊藤安海著，文藝春秋．

6)　警察庁「第1回高齢運転者交通事故防止対策に関する有識者会議 議事概要」〈https://www.npa.go.jp/koutsuu/kikaku/koureiunten/kaigi/1/gijigaiyou.pdf〉（最終閲覧日

2018 年 9 月 12 日).

7) 「地域公共交通の活性化及び再生の将来像を考える懇談会 提言～次の 10 年に向かって何をなすべきか～」〈http://www.mlit.go.jp/common/001194308.pdf〉(最終閲覧日 2018 年 9 月 12 日).

8) 三大都市圏は，埼玉，千葉，東京，神奈川，愛知，三重，岐阜，大阪，京都，兵庫を指す.

9) 国土交通省「人とまち，未来をつなぐネットワーク～地域公共交通活性化再生法の一部改正～」〈https://www.mlit.go.jp/common/001127036.pdf〉(最終閲覧日 2019 年 1 月 28 日).

10) バスは 500 m 圏外，鉄道は 1 km 圏外で計算されている.

11) 国土交通省「人とまち，未来をつなぐネットワーク～地域公共交通活性化再生法の一部改正～」前掲.

12) 国土交通省総合政策局公共交通政策部「地域公共交通に関する最近の動向等」〈http://www.mlit.go.jp/common/001134509.pdf〉(最終閲覧日 2018 年 9 月 10 日).

13) 同上.

14) 地域公共交通の活性化及び再生の将来像を考える懇談会提言概要〈http://www.mlit.go.jp/common/001194307.pdf〉(最終閲覧日 2018 年 9 月 10 日).

15) 同上.

16) 竹内伝史・古田英隆 (2008)「コミュニティバス事業の総括の試み――計画における理念と現実，運行後の実態そして評価――」『土木計画学研究・論文集』Vol. 25，No. 2, 423-430 頁.

17) 国土交通省自動車局旅客課「自家用有償旅客運送ハンドブック」〈http://www.mlit.go.jp/common/001233264.pdf〉(最終閲覧日 2018 年 9 月 14 日).

18) 自交総連「危険な白タク ライドシェアの合法化は許せません」〈http://www.jikosoren.jp〉(最終閲覧日 2018 年 9 月 14 日).

19) 同上.

20) 北海道中頓別町「なかとんべつライドシェア(相乗り)事業実証実験」〈http://www.town.nakatombetsu.hokkaido.jp/bunya/5299〉(最終閲覧日 2018 年 9 月 14 日).

第2章
地域公共交通とモビリティ確保の理論的背景

本章では，地域公共交通とモビリティ確保の理論的背景として，従来の交通研究や，モビリティ確保に関する研究，近年の社会学分野にみられるモビリティ（移動）論に関する研究などを整理していく．具体的には，地域公共交通の制度／政策／実態に関わる研究，モビリティ確保に関する研究及び実践的な背景，近年の社会学による交通・モビリティ研究へのアプローチという以上3点を取り上げ，クルマ社会や地域公共交通，モビリティ確保という主題が学術的にどのような文脈で扱われてきたのかを概観する．

1．地域公共交通の制度／政策／実態に関わる研究

本章ではまず，近年の地域公共交通の制度／政策／実態に関わる研究を整理し，高齢化や人口減少という社会的な変化と，規制緩和や関連法案制定という政策的な変化の中で，学術分野からはどのようなアプローチが行われてきたのか，① 規制緩和以降の地域公共交通，② 地域公共交通の政策的視点，③ 地域公共交通のアクター，④ 地域社会学的なアプローチという4つの基軸から整理し，論点を抽出する．

1.1．規制緩和以降の地域公共交通に関する制度分析

先述のように，2002年の道路運送法改正により，乗合バス事業の規制緩和が行われた．これにより乗合バスの事業開始が路線ごとの免許制から事業ごとの許可制に変更されることとなり，新規参入や運賃低廉化が進むことが予想された．関連する先行研究では，主に交通経済学の分野から，乗合バス事業における規制緩和について論じる研究が積極的に行われてきた．

たとえば寺田（2005）は，規制緩和後のバス市場の変化を論じているが，乗

合バス市場での新規参入は活発とはいえず，その市場構造は規制緩和後もあまり変化していないとする．その一方で，新規参入が不活発なゆえにサービス委託価格が低下しない可能性を指摘している．また廃止案件処理のために設けられた「地域協議会」について，① 参加メンバーの範囲が狭く，自治体とバス事業者という当事者のみの協議の場になっている，② 都道府県単位での全体協議会が形骸化している，③ 異種モード間での調整が図れない，④ 廃止問題を棚上げするだけの場になっている，⑤ 市町村間での連絡調整の場になっている，という以上 5 点の問題点を挙げている[2]．

これらの問題について，特に本書での事例研究を展開する上で着目すべき点は①と③であると考えられる．たとえば①については，後述の事例研究において地域住民がどのように地域公共交通に参画してきたのかを考察しているが，この前提として自治体や事業者のみが参加者であり，利用者／非利用者の潜在的なニーズを把握することが困難であるという問題があった．これは地域協議会に限らず，近年の地域公共交通会議[3]でも同様にみられる事象である．そして③については，地域公共交通は「バス」だけではないと吉田（2009）が指摘するように，タクシーやデマンド交通，自家用有償運送等，複数のモード間での連携の方策を検討することも有益である．これに関しては第 4 章における兵庫県丹波市と京都府京丹後市の事例が，実践的かつ有益な示唆を与えるものと考える．

さて，規制緩和以降の地域公共交通に関する先行研究の整理に戻ると，髙橋（2006）は，規制緩和後の乗合バス運賃について詳細な整理を行っており，規制緩和に関わる乗合バスの経営戦略としての「100 円バス」のブームに着目している．髙橋（2006）は，100 円バス自体が増収につながった事例は全国的にも少ないと推測されるとしつつも，その導入が事業者内部の意識改革や価値の再設計の機会となりうることを指摘している[4]．

100 円や 200 円の低額運賃に設定することは，通学者，通勤者，高齢者等の日常的な利用者にとってのインセンティブとなるだけでなく，利用者の増加による交通事業者のモチベーションの向上や，地域社会における交通事業者の存在意義が改めて見直される契機になりうると考えられる．とはいえ，当然のことながら単純に運賃を下げるのみでは利用者の増加につながらないため，そこ

には事業者の努力や地域住民の理解，さらには自治体，地方公共団体による適切なガバナンスが求められる．

　低額運賃での運行は，少なくとも「独立採算原則」が前提のわが国において，当然のことながら，結果的に赤字運行となってしまう経営が強いられてしまうものと考えられる．これに関連して森山他（2003）は，2002年のバス事業規制緩和以降に，地方自治体による代替バス運行が普遍化していること，さらには赤字運行が強いられる過疎地域でのバス路線は，採算性以外の観点から評価が求められることにも言及している[5]．具体的には生活のしやすさや交通システムの利用しやすさ，集落間の平等性といった指標を用いて，過疎地域における公共交通サービスの検討を行うものである．

　森田（2006）は，バスが「住民の最後の足」であるとした上で，規制緩和による事業者の撤退あるいは路線等の廃止を問題視し，「膨大な移動制約者を新たに生み出し，地域の崩壊といっそうの過疎化を引き起こすことにつながる」と指摘する[6]．この背景には規制緩和以降，民間バス事業者が利潤の多い地域／時間帯のみに参入する，いわゆる「クリーム・スキミング」の現象がみられ，逆説的ではあるが，利益が得られなさそうな地域や時間帯には事業者は参入したがらないということになる．これによって，たとえば通勤・通学時間帯はバスを走らせるが，高齢者等の交通弱者が移動手段を求めているはずの日中の時間帯には，その需要が小さいことを理由に運行本数を減らす，あるいは運行しないという事象もみられるようになった．

1.2.　地域公共交通の政策的視点に関する研究

　第1章でみてきたように，地域公共交通に関する法制度や諸政策が講じられてきている中で，学術的にはどのようなアプローチがなされてきたのであろうか．

　西村（2007）は，地域交通政策の意思決定システムやその構造について論じているが，交通問題などの公共的な問題を扱う際に「公共的意思決定の方法」を持つことが必要であると指摘する．加えて「市民の主体性が反映されていればいるほど，その正当性は強固となろう」としており，地域交通政策に関わる決定への市民の参加が求められ，そこでの「決定」には，反対者への説得と責

任に対する責任が含まれていると説明する[7]．地域住民自身が主体的に取り組む交通は増えている一方で，地域公共交通に関わる政策やその意思決定の空間に，利用者や運営者のみならず，幅広い地域住民の参加を促すことで，より公共的な意義が強くなるものと考えられる．

辻本（2011）は，地域交通政策における「公共心に基づく対話と合意形成」として，地域公共交通に関わる各主体が，よりよい地域を皆で形成するという公益重視の姿勢を保ちつつ，適切な場で個別的利害調整を含めた議論を重ねること，またこれを経て各主体が尊厳を持って受け入れられる結果を導き出すことが重要であると指摘する．さらに辻本（2011）は，社会参加の促進を通じて医療費や介護費の負担抑制につながることや，これによる財政負担の最適化にも言及している．この点については，交通政策を単体のものとして捉えるのではなく，他の政策との連携や補完可能性を視野に入れながら，地域公共交通の政策を検討していくことが求められるといえよう．

地域公共交通の政策的な側面をみる上で，第1章でも言及した2013年成立の交通政策基本法が重要な役割を果たすことはいうまでもない．同法成立以後の先行研究に目を向けると，土居（2014）は「住民も公共交通があればいいと単に要望するだけではなく」，どのようにすれば利用しやすいかなどの意見を出し合い，協議することが必要であると説明する．また土居・可児（2014）は，地域交通政策づくりの意義と理念として次の3点を挙げている．第1に，地域交通政策をつくる主体は住民と自治体で，住民の参加と自治を基本とすること，第2に，地域を科学的に調査し，地域での学習を深めること，そして第3に，地域のあらゆる人との交流と協同で政策の実現を目指すこと，としている（一部抜粋）[8]．

一方で，地域住民側もただ単純に要求をするのみではなく，日頃から利用している地域住民も積極的に議論の空間に参画しつつ，改善点や意見を述べていくことが求められる．同時に，いわゆる地域の代表者として参画している住民も，地域で走っているバスの利用実態がどのようなものであるか，その課題はどの部分にあるのかを見極めていく必要がある．2015年の交通政策基本計画をはじめとして，政策的にも地域住民の参加や主体的な活動が求められている中で，自治体や交通事業者も，利用者や利用できない住民に対して声を聞き入

れる場所や機会，あるいはプラットフォームを構築していくことで，提供者側
と利用者側に生じている乖離を埋めることにつながるものと考えられる．

1.3. 地域公共交通のアクターへのまなざし

先にも述べた市民による計画制度の変革の必要が迫られる背景には，モータ
リゼーションの影響もあるものと考えられる．たとえば西村（2007）は，クル
マ社会の文脈において「バスかマイカーかの選択のみが可能とされる社会では
なく，それとは別の望ましい交通システムを共同で構築できる社会の選択」が
必要であると述べている．さらに，交通に関わる諸施策は市民生活に直接の影
響を及ぼすという理由から，「市民の賛同と協力をなによりも必要とする」と
指摘している一方で，その市民参加の意味は二重であるという．1点目は，市
民を納得させる説明を行政が行う責任がある点，2点目は市民自身の自治能力，
政策形成能力が問われてくるという点である[9]．

これに関連して，中川・能村（2003）は規制緩和以降の公共交通における市
民の役割の変化に着目している．中川・能村（2003）によれば，バス事業者が
独占的に路線やダイヤを決めて来た時代から，誰もがアイデアを出し合うこと
のできる状況へ変化していると説明しており，とりわけ市民に責任と役割が課
せられるようになってきたことを述べている[10]．これらのことから，市民・住民
が参加して単純に自らの意見や要求を出していくのではなく，自治体や交通事
業者と肩を並べて一つの「アクター」としての責任と役割が問われてきており，
さらにはこれらアクター間での連携・協働が一層，求められてきているといえ
よう．

高橋（2006）は規制緩和後の乗合バスをはじめとする地域交通政策の動向等
について丹念な整理を行っているが，残された課題として(1)アクター（参加
者）の課題，(2)モード（輸送機関）選択の課題という2点を提示している．具
体的には，公（政府）・共（非営利組織）・民（民間事業者）の三者を，日本型パー
トナーシップの代表的なアクターとした上で，「どのアクターが主導すべき
か，パートナーシップの重心が移動する（主導するアクターが交代する）可能性
があるかなどを見定めること」（高橋，2006: 226）が，規制緩和のもとでの地域
交通市場に対する「処方箋」を提示することにつながるものとされている．

またモード選択についても，英国の地域交通の実践事例から，従来型のバスにこだわる必要がない場合も多いとされており，「あえてバス車両を使わない方が，ボランティア運転者や非営利組織の職員によって，バスより安価に足の確保を実現するかもしれない」（髙橋，2006: 227）とされているが，この指摘はまさに本書での事例研究を展開する際の補助線となりうる．もちろん，従来型のバス車両を用いた事例も取り上げるが，デマンド交通や自家用有償運送の事例では，トヨタ・ハイエースのような車両や，自家用車を用いて予約者の需要に応じた小回りの利くサービスが行われている場合が多い．とりわけ過疎地域や地方部では，従来のような大量・長距離輸送ではなく，少量・短距離（あるいは中距離）輸送に変化しているともいえよう．

　一方で，学術的な視点からみれば10年以上前から指摘されている地域公共交通の「アクター」と「モード」については，いまだに画一的な答えやモデルが提出されていないともいえる．むしろ，ライドシェアやカーシェアといったモードが多様化する中で，2000年代よりもアクターあるいはプレイヤーというべき主体が増えており，何が最適解であるのかが可視化しにくくなっているともいえよう．

　こうしたことから本書では，第3章以降で，主にこれまで一般的ではなかったアクターである社会福祉協議会やNPO法人，住民組織などが運行・運営する地域公共交通の事例を取り上げつつ，従来型のアクターである自治体や交通事業者の取り組みの変化を取り上げる．これによって，先行研究で言及されてきた市民・住民の参加に基づく交通の展開や，アクター間での議論の場をいかにして構築していくのかという問いへのヒントを模索していく．

1.4. 地域公共交通を対象とした地域社会学的なアプローチ

　近年，地域のモビリティや交通が社会学分野で議論される背景には，モータリゼーションや高齢化が進行する中で，モビリティ確保の問題が一つの社会問題として提起されつつあるということが挙げられる．

　たとえば室井（2009）は，地域生活における様々な社会的機能との関わりで交通を捉えることができるのは社会学であると述べた上で，交通分野における社会学の貢献が「今後これまでになく問われてくる」としている[11]．特に，公共

交通や交通弱者の問題に関して，その実態の解明と政策提言という観点から，社会学研究が果たす役割は大きいとしているが，こうした指摘から，従来の交通研究では捉えきれなかった地域住民の生活実態等に目を向けていく必要があるものと考えられる．

　また，田代（2011）は，交通研究では技術的な側面が優越し「社会的な視点は弱かった」と指摘した上で，近年はこれが大きく変化し，技術的・社会的双方の視点が必要だとしており，そうした流れの中でとりわけ生活交通に関して，地域社会学からのアプローチが求められていると説明している[12]．特に近年では，地域社会における住民の生活実態が変化していく中で，制度分析や政策立案を行う上でも，社会的な側面に目を向けざるを得ない状況にある．

　これらの地域社会学的研究は事例調査を通じたものであるが，いずれも地域住民の層を一様に捉えるのではなく，各々のライフステージや移動のニーズ，自家用車保有層と非保有層における近隣との付き合いなどを検討している．これらは，従来の交通研究（主に交通工学・交通経済学）では中心的に取り上げられることのなかった事柄ではあるが，地域社会の実態から交通問題の実相を明らかにしている点で，社会的にも意義の強い研究であるといえよう．

　こうした中，齊藤（2012）は，交通工学や交通経済学の研究者は，交通弱者問題の解決という実践的意図から出発して「HOW の問い」，つまり新たな移動手段をどのように創出するかを第一義として，コミュニティ交通の「創出の局面」に多大な貢献をなしてきたと評価している．その上で齊藤（2012）は，交通分野において後発の社会学には「WHY の問い」が課されると説明する．

　すなわち，「なぜ」地域住民が交通に取り組もうとしたのか，「なぜ」交通事業者が新たな事業に参入したのか，といったことを経由して再度「HOW の問い」に赴くことが社会学に求められるとしている[13]．本書の事例研究でも，複数のアクターによる地域公共交通の運行事例の検討を通じて，新たなモビリティ確保の方策をどのように提示するか，という「HOW の問い」も一つの重要な論点となりうる．一方で，その前提として，なぜ社協が運行主体となって多くの高齢利用者を獲得しているのか，あるいはなぜ交通事業者が地域住民のもとに足を運んで定期券販売を行っているのかといった「WHY の問い」も，後述の事例研究において探究すべき部分である．

交通弱者のモビリティ確保や地域公共交通衰退等が社会問題化している昨今において，地域社会学や後述の社会学におけるモビリティ論の視座から研究が展開され始めている．これは，交通研究からみても，モータリゼーションや規制緩和という主題に工学・経済学分野から膨大な研究蓄積がなされてきたことを鑑みれば，現代交通のトピックとして高齢化や社会的弱者の問題等，地域社会学や社会学が守備範囲としていた部分にかかっているため，ある意味では妥当であると解釈できる．また社会学からみても，その研究対象は必ずしも固定的ではなく，社会の変化によって，あるいは社会の問題とされていることにアプローチしてきた歴史的変遷から考えれば蓋然性のあるものといえる．

2．モビリティ確保に関する学術的・実践的背景の整理

本節の目的は，モータリゼーション以降の高齢者等の交通弱者に対するモビリティ確保について，学術的・実践的背景を整理し，その今日的な論点を提示することである．障害者の移動・交通の権利をめぐる社会運動では，詳細は後述するが，当事者家族や支援者の運動によってモビリティ確保を実現してきた背景がある．さらには要介護・要支援の状態にある高齢者は，福祉有償運送等の福祉的な交通サービスでモビリティが確保されてきているといえる．

それではなぜ，いわゆる交通弱者や移動困難者と呼ばれる人々が出現してきたのであろうか．あるいはそうした人々は，突如として出現したのか，漸次的に顕在化しつつあるのか，そのプロセスについて，以下では先行文献と関連資料から整理を行っていく．

2.1．モータリゼーション成立過程におけるクルマ社会への批判的見解

自動車が一般社会に普及し始めた1960年代において，都市計画研究者の湯川利和が著書『マイカー亡国論』（1968）の中で，自動車社会の経済的・環境的・社会的な危うさを唱えた．湯川は乗用車の保有台数がまだ400万台ほどであった1960年代後半に，米国におけるモータリゼーションの悲惨な状況を分析し，「自由な移動性（モビリティ）を保証すると一般にみなされているマイカーなる交通手段——それが増加しただけで移動性の欠如した空間が現出してきたのである」

（湯川，1968: 108-109）と指摘している．つまり，モビリティを確保するであろうと考えられた自動車が増加するだけで，最終的にはモビリティの欠如した空間が現れるという皮肉な結末を招くということであり，湯川はこれを「交通砂漠」と表現している．

　そしてこうした交通砂漠における弱者の存在を，湯川は，① 自動車を購入できない貧困層，② 自動車を運転できない高齢者，身体障害者，③ 自動車を運転したくない人々，④ 運転可能だが，自分専用の自動車を保有していない主婦，年少者，⑤ 運転できないが，一定距離以上の移動要求を持つ年少者という 5 つに分類している[14]．また，自家用車が生活必需品と化すような社会を「移動性の保障なき社会」と説明しており，先述のように自家用車が現在ほど普及していない 1960 年代において，以上のような指摘を行っていたことは，先見的であったと評価できる．

　湯川の思想は，1970 年代以降の障害者の移動する権利を求める運動の「理論的源流」となり，その後の研究者や実践者に影響を与えている（日比野，1985: 206）．社会運動的な側面については後述するが，湯川の先行的な研究が，移動性（モビリティ）を保障する，あるいは「交通は権利である」といった考え方へとつながってきたともいえよう．

　また 1970 年代には，当時はジャーナリストであった岡並木が著書『自動車は永遠の乗物か』（1973）において，「交通貧困層」という言葉を用いながら，高齢者や身体障害者が利用できる交通システムの必要性に言及している．こうした，モータリゼーション創成期ともいえる時代において，岡は総合交通体系の構築における「ニードからの出発」の必要性を指摘している．具体的には，「けものを追い求めたり，物々交換のために発達した人間の歩く道の時代をふりかえると，交通の歴史は，たしかにニードそのものから出発しているといえよう」とした上で，「しかし，いまでは狩人の時代とはくらべものにならないくらいに，ニードは多様化・大量化しているといえよう．現在の交通機関の背景にあるのが，いつの時代のだれのニードなのかを，はっきり分析しなおす必要があろう」（岡，1973: 100）と述べている．

　こうした岡の指摘は現代社会の交通政策を考える上でも，非常に示唆に富んだものであるといえる．たとえばニーズ（ニード）については，単純に高齢者

のモビリティとはいっても，買い物，通院のみではなく，習い事などの余暇や家族に会いにいく，友人と出掛けるなど，たしかに多様化している．さらに，いつの時代の，誰のニーズであるかということについても，広大な地域を少ない台数のバスでカバーしようとする場合などを例にとれば，生活者のニーズに即していないのかがわかる．

　従来のような通勤・通学における大量輸送の考えをそのままに，大型車両を用いるものの，利用者を獲得できず不採算に陥ってしまうケースも想定される．そこで，岡の指摘するように，いつの，そして誰のニーズなのかという発想から交通体系を構想することで，その地域においてどのような住民が，どういった場所への移動を望んでいるのかを考え，より地域社会の実態に即したモビリティ確保の方策を構想することにつながる可能性がある．

2.2. 1980 年代における「交通権」に関する議論

　移動することや交通アクセスは果たして「権利」なのであろうか．ここでは1980 年代における「交通権」に関する議論を参照し，モビリティ確保の歴史的な背景を概観する．

　交通権は，日比野（1986）によれば，「国民の交通する権利」を意味し，現代的な人権思想であると説明する[15]．また岡崎（1986）は，交通権は「すべての国民が自己の意思にしたがい自由に移動し，財貨を移動させるための適切な交通手段を平等に保障される」権利とした上で，移動の自由は「適切な交通手段の保障によって成立する」と説明している[16]．さらに土居（1986）は，地域交通と交通権の文脈で，地方部において民間バス事業者の撤退が相次いでいることや国鉄分割・民営化により地方線廃止が加速化していることに対して，「生活中心の公共交通体系」の確立を，政策として政府に求めるべきであると主張している．1980 年代においては，国鉄分割・民営化による地方路線の縮小・廃止が危惧され，これにより「交通貧困階層」（日比野，1986: 9）の増加が問題視された．そして，国鉄ローカル線やバスなき後の，子どもや主婦，高齢者や低所得者の移動手段はどうなるのか，という問題提起もなされている（同上）．

　交通権学会の制定する「交通権憲章」（1998 年版）においても，その前文で，1980 年代の国鉄分割・民営化への理論的探究から交通権思想が誕生したとさ[17]

れていることから，その議論の背景には当時の社会的な問題が存在していたことがわかる．また1982年にはフランスで社会権の一つとして交通権を明記した「国内交通基本法」が，1990年には米国で「ADA（障害をもつアメリカ人法）」が制定されるなど，この時期は交通弱者とモビリティをめぐる国際的な動きが活発であったといえる．ここでは主に1980年代に議論された交通権に関する文献を主に引用しているが，現代においてもその議論は継続されている．

　たとえば西村（2009）は，「何らかの肉体的制約があるいわゆる交通弱者の移動を保障しようとして物理的なバリアを取り除こうとする権利ではない」と前置きした上で，「交通弱者の移動に切実な問題があり，その保障を求める運動が概念を深めてきたことは事実である」と説明する[18]．また西村（2009）は，交通権概念を単独で考えるのでなく，交通の自由を目指す「脱クルマ社会」の中で交通権を位置づけて考えるべきであると述べている[19]．さらには安藤（2016）も，1980年代の国鉄分割・民営化から，2007年の地域公共交通活性化・再生法制定，2015年の交通政策基本法まで，政府の交通政策や行政の責務の変化を網羅的に整理しており，バスやタクシー等の公共交通の維持・再生を政府が考慮せざるをえなくなっていると指摘している[20]．

　以上のように，ここでは1980年代からの交通権に関する議論を簡単に整理してきた．前項の時代背景と比較すると，国鉄分割・民営化や地域交通の衰退といった社会的課題が表出しており，こうした課題に対して，交通権の概念に基づいたモビリティの保障が考えられてきた時代であるともいえる．

2.3. モビリティ確保に関する社会運動的な側面

　ここでは，先述の理論的な整理を踏まえて，日本におけるモビリティを求める社会運動的な側面に焦点を当てる．主に，障害者等の交通弱者に対して，どのようにモビリティ確保の方策が講じられてきたのか，歴史的背景を整理しながら検討していきたい．前項でも取り上げた日比野正己によれば，交通権の理論的源流が先述の湯川利和の理論に求められるとすれば，交通権の運動的源流は，「障害者運動にこそ発見できる」と述べている．

　日本では，1973年に京都市での「誰でも乗れる地下鉄にする運動協議会」による運動を契機として，全国各地で障害者の移動する権利を求める運動が広

まったとされる．京都市では，1970年前後に市営地下鉄の建設計画が浮上したことがこの運動の発端と考えられる．長橋（1986）によれば，この運動では，当時としては画期的な車椅子でのデモ行進が行われたほか，京都の婦人会や老人クラブの協力もあり，計20万人ほどの署名が集まったとされている．

1981年に地下鉄烏丸線（北大路—京都間）が開通した時点で，すでに主要駅にエレベーターが設置されていた（当時では先進的であったとされる）ことは，「誰でも乗れる地下鉄にする運動協議会」の運動の成果であったというほかない[21]．この地下鉄運動は，将来的にエレベーターの全駅設置が行われることで一つの区切りがついたが，「障害者が自ら外へ出る喜びを味わい，生活圏をひろげるきっかけにもなった」とされている（長橋，1986）．

地下鉄運行に対する運動があった京都では，1970年代に行われた名古屋市や広島市等での障害者の外出調査をもとに，1984年，京都市社会福祉協議会が「障害者の外出に関する調査」を行っている．この調査を通して津止（1986）は，障害者の生活にとっての拠点づくりから「外出問題」を取り上げ，生活に密着した拠点施設を増やし，生活実態や要求に即して拡大強化していく必要性を述べている．こうした拠点づくりの文脈において，たとえば入浴サービスが受けられる施設や共同作業所などの「たまり場」としての諸施設と，自宅とをつなぐ移動手段が求められてきた．この調査の前後には，京都ボランティア協会の「道路点検調査」や京都府盲人協会の「バス発着場調査」も行われており，まちの実態が障害者をはじめ市民全体の生活にどのような影響を与え，どのような問題点を残しているのか，まちづくり点検調査を通じて明らかになった．

ここでは，主に障害者等の交通弱者へのモビリティ確保に関する社会運動について，先行文献及び関連資料から整理を行ってきた．当事者のみならず家族，支援者，一般市民等を組織化し，様々な政策要求とモビリティ確保を実現させてきたことがわかる．それまで外出することさえ容易でなかった障害者が，外出，そして移動を通じて社会参加が可能になったという点において，1970年代以降のモビリティ確保に関する社会運動的な側面は特筆すべき点である．

2.4. なぜ今，モビリティ確保に関する議論が必要なのか

　ここまで，モビリティ確保に関する社会運動的な側面についてみてきたが，その後の1990年代以降は，急速な高齢化や市町村合併による生活圏域の拡大によって，モビリティ確保の問題はより地域に分散し，個別化している．また，三星・秋山（1996）が指摘するように，高齢者や障害者といっても，運転に問題のない高齢者や，補助を要することなく外出できる障害者もおり，むしろ妊産婦や病人など，交通政策の対象となる（あるいはその対象からこぼれうる）人々は非常に幅広いことを認識しておく必要がある[22]．

　1970年代から1980年代に起こった一連の社会運動を概観すると，その大半が障害者等の外出に関するものであったが，近年のモビリティ確保の問題は，やはり非常に多様化しているといえる．モビリティ確保に関する問題が多様化し，複雑化しているがゆえに，交通権に関わる議論のように運動化が難しいという側面がある．しかし問題が多様化，複雑化しているからといってその要求が小さくなっているわけではない．

　むしろそれを掬い上げるチャンネルが少ないといった方が妥当であろう．たとえば障害者の移動・交通をめぐる運動は，家族や支援者などが中心となって作り上げられ，モビリティ確保の実現へと向かってきたが，現代社会のいわゆる交通弱者はどうであろうか．その要求を，誰が拾い，政策へと反映させるのかという大きな問題が残されているのである．

　もちろん，政府が地域公共交通政策を整備していくことも求められている（第1章でみてきたように，実際に政策は講じてきている）が，それを遂行する地方自治体や，運行を担う交通事業者の役割も改めて検討する必要がある．そして，地域住民自身もモータリゼーションの中で，自家用車を保有し，特に運転免許や自家用車を保有する人々は，地域のモビリティ確保の問題に目を向けてこなかったという問題もある．

　こうした中で，政府や自治体，交通事業者，地域住民等の各主体が，改めてモビリティ確保に関する議論を深めることで，その地域に相応しい交通網の構築につなげていくことが求められる．このような社会的潮流の中で，学術分野においては近年，地域社会学や社会学的な視座から交通・モビリティの研究も行われてきており，生活問題としての交通弱者や地域公共交通の課題に取り組

もうとしている傾向がみられる.

3．社会学におけるモビリティ論の展開

　近年の社会学においては，社会学者のジョン・アーリ（John Urry）らによってモビリティ（移動）論が展開され，グローバル化や都市空間，自動車社会，あるいは不平等性といった多岐にわたる議論が行われている．現代社会における人やモノの移動を社会学の視点から捉え，モビリティーズ・パラダイム，すなわち「移動論的転回」として，新たな社会科学のフレームワークを構築しようとする動きがある．特に，これらの研究では現代における地域社会やコミュニティをみる際に，「移動性」を前提として議論を展開することで，その動態と実相を掴もうとしている．

　アーリについて，吉原（2015）は，欧米の社会学や社会科学において「モビリティ」をアジェンダに上らせた社会理論家であると紹介するとともに，日本においてアーリが観光あるいはツーリズムの論者とされていることを「必ずしも正確ではない」とし，あくまで資本主義論者，市民社会論者であると述べている．[23] アーリによるモビリティに関する社会学的研究は，クルマ社会批判や自動車生産に関する産業社会学といった従来の視座とはやや異なる，自動車移動を通じた人々のモビリティの変容を論じている．従来の社会学における社会移動や民族移動，人口移動などの移動論から，人々の日常的な，そして身体的な移動をも対象としながら，現代社会における移動の複雑性を説いているという点で，新たなモビリティ論の水路を築いたものといえる．

　とりわけ，フェイス・トゥ・フェイスの関係に基づいて社会的営為がなされているという視座も，アーリのモビリティ論の特徴の一つであるといえよう．たとえばアーリは，対面で話すことで話題は多岐に渡り，誤解が解かれ，言葉のみならず顔の表情や身体の仕草でのコミュニケーションが可能となる（Urry, 2007＝2015: 347-348）ことを指摘している．以上のことからここでは，アーリらによるモビリティ論の展開を概観しつつ，現代社会における自動車移動や公共移動の変容，モビリティと不平等性などについて検討し，本書の事例分析の理論的な補助線としたい．

3. 1.　モビリティとはなにか

　ここではまず，議論の前提として，本書のキーワードの一つでもあるモビリティとはなにか，その意味を整理しておきたい．アーリによれば，モビリティ（もしくは「モバイル」）には，① 移動しているか移動可能なもの，② 暴徒，野次馬，野放図な群衆を形容する，③ 上方ないしは下方への社会的移動（垂直的なもの），④ 移民や半永久的な地理的移動という，大きく 4 つの意味があると説明している（Urry, 2007 = 2015: 18-19）．

　伝統的な社会科学における「モビリティ」に関する研究をみると，上記でいうところの 3 点目，すなわち垂直的な社会移動に焦点を当ててきた傾向にある．具体的には，労働移動や社会的地位の移動であるが，たとえば都市部により待遇のよい仕事（すなわち上位階層への移動）を求めて移動することを例にとれば，モビリティは複層的なものであることがわかる．

　大橋（2010）は，モビリティの進展には二つの側面があるとしており，一方ではモビリティの進展によって空間的移動が容易になり，距離と時間の短縮化が起きていること，他方では移動の活発化により，地域に根ざした活動や地域性，地縁性が希薄となっているという．[24] こうした意味では，移動手段が発展してより円滑な移動が実現されたとしても，それによって（あるいはそれと引き換えに）人間的営為が減少してしまう可能性がある．

　アーリはモビリティ論の文脈で，人とのつながりや社会的な集まりの多くは，近くにいることに基づいたものではなく，「いくつもの異なる社会空間に入り込んだり横断したりして旅をする物，人，情報，イメージによって」（Urry, 2007 = 2015: 75）つながりがもたらされると説明する．また，アンソニー・エリオット（Anthony Elliot）とアーリは，「あらゆる社会関係は，多かれ少なかれ「離れて」いて，スピードが早く，緊密で，多かれ少なかれ身体的な移動に結びついた多様な「つながり」を有している」（Elliot and Urry, 2010 = 2016: 20）と説明した上で，「歴史的に，社会科学は地理的に近接したコミュニティにあまりに焦点を当てすぎてきた」（同上）と指摘する．

　社会的なつながりやコミュニティを考える上で，それらは固定的ではなく動態的なものであり，その中でモビリティをどのように捉えていくかを考えていく必要がある．とりわけ地域社会の状況を考えると，既述のように日本では，

高齢化や市町村合併，家族構成の変化等も相まって，買い物や通院，家族に会うというそれぞれの生活行動には一定の「距離」が存在している．そして，こうした距離に長い短いはあったにしても，大人から子どもまで，誰もが一定の距離を移動しなければ生活できない状況にあるが，そうしたモビリティが社会の構成員すべてに保障されているわけではない．この点については，のちの「モビリティと不平等性」で詳述していくこととする．

3. 2.　クルマ社会におけるモビリティの変容

　アーリは，徒歩や公共移動，自動車移動といった日常生活に関わる様々なモビリティについても体系的に論じている．たとえば，鉄道移動システムによる「公共移動化」が新たなつながりをもたらし，様々な場所にいる人々を結びつけたとしている（Urry, 2007＝2015: 139）．さらに，鉄道交通の加速化によって人々の時間概念が変容していることにも言及し，鉄道が「既存のローカルな時間の寄せ集めがグリニッジ標準時に置き換えられることを意味していた」と説明する（Urry, 2000＝2015: 100）．

　こうした中，マイク・フェザーストン（Mike Featherstone）らは自動車移動（オートモビリティ）を社会学的に論じており，自動車文化や安全性，あるいは人間生活の変容を捉えている[25]．イェルク・ベックマン（Jörg Beckmann）は，移動性を両義的なカテゴリーとした上で，自動車は「可能性を開くと同時に閉ざすものであり，個人化するとともに再統合を果たすもの」として，有益性をもつリスクのある技術であると説明する（Beckmann, 2005＝2015: 129）．人間生活において自動車は，たしかにあらゆる可能性を開いてきたが，しかし後述のアーリの指摘にもあるように，それ以外の移動手段がいかに「継ぎ目のある」ものであるかを認識させてきたともいえる．

　自動車移動のフレキシビリティ（柔軟性，融通性）について，アーリは「自動車であれば出発が遅れてもよく，乗り継ぎに間に合わないという問題もなく，相対的に時間に影響されずに移動できる」とした上で，こうしたフレキシビリティは「自動車移動によって余儀なくされたもの」と指摘し，自動車移動があるがゆえ人々は「細々とした時間を巧みに操らざるを得なくなる」と述べている（Urry, 2007＝2015: 179）．

さらに，自動車移動のシームレスさは，その他の移動手段を「フレキシビリティに欠けた断片的なものにしてしまう」（Urry, 2005＝2015: 47）と説明しているが，これは現代社会における鉄道やバスを想定すれば，容易に理解できるのではないだろうか．たとえば自動車移動に慣れている人であれば，鉄道やバスの「乗り継ぎ」や，その待ち時間にストレスを抱えるであろう．こうした公共交通は，アーリに従えば，たしかに人々に新たなつながりをもたらしてきたわけであるが，自動車の台頭によって公共交通を利用するのが煩わしいものへと変容しつつある．また地方部に行けば，こうした状況はさらに深刻である．

　以上のような理論的な整理を踏まえて，アーリは現代社会における自動車移動や公共移動（moving in public）について，いくつかの見立てを立てている．そのうちの一つに，19世紀的な公共移動のパターン，すなわちバスや列車といったものが「優位を占めるパターンは復活することはない」（Urry, 2005＝2015: 60）ことを挙げている．具体的には，自動車システムの自己拡張的な性格により，公共移動のパターンは失われ，自動車移動を前提とした「個人化された移動」を包含した移動システムとなることを予期する．一見，悲観的にもみえるアーリの説明であるが，移動を個人化させてきた自動車が人々の生活の基盤をなしている社会では，バスや鉄道という公共移動のパターンが失われていくことは，不可逆的かつ必然的なものであったといえる．

3.3.　自家用車の「脱私有化」と公共移動のパラダイムシフト

　アーリは，先述の公共移動のパターンが失われていくこととは別の見立ての中で，自動車の「脱私有化」という重要な概念を提示している．「脱私有化（deprivatise）」とはすなわち，自動車の共有利用やレンタカー，そして近年におけるライドシェアやカーシェアといったシェアリングサービスのことを指しており，アーリは「乗り物を直接所有することよりもむしろ旅行／移動サービスへの「アクセス」に対する支払いが増えていると考えることもできよう」（Urry, 2007＝2015: 416）と述べている．この背景には，情報技術の進展もさることながら，自家用自動車にかかる個人の費用負担の問題もあるものと考えられる．

　たとえば都市部で，平日は公共交通で通勤する層の人々が自家用車を保有し

てることを想定すると，代わりに運転する家族が日中にいない限りは，ただガレージに放置しているのみということになる．エドワード・ヒュームズ（Edward Humes）によれば，自動車は最も機会を浪費する投資対象であり，平均的な車は1日の92％の時間，使われずに放置されており，人々は週に14時間しか働かない自動車のために年間1万2544ドル（約140万円）支払っているという[26]．

　莫大な維持費や駐車スペースの確保が困難であるといった背景もあり，都市部やその周縁部を中心に，ライドシェアやカーシェアという新たなモビリティ・サービスが展開され始めている．特に，一般市民が運転する自家用車に同乗するのみでなく，そこにさらに他人と乗り合わせる「ウーバープール」のような相乗りの方法も出てきている．

　ヒュームズは，米国ロサンゼルスの州間高速道路405号線拡張工事のために，全面的な通行止めを行った例を挙げているが，拡張工事を行った2011年7月の週末に，「徒歩やバイク，地下鉄やバスに加え，〈ウーバー〉や〈サイドカー〉〈リフト〉などのアプリを利用して車やタクシーの相乗り（ライドシェア）をした人々は，自家用車が決して必須のものではないことに気づいたのである」（Humes, 2016＝2016: 9）と説明しており，405号線のスモッグは10分の1に，大気汚染物質は市全体で25％も減少したとしている．

　こうした自家用車の脱私有化の動きは，欧米諸国では，やはり都市部における新たなサービスとして知られている．一般市民がドライバーとなり，従来のタクシーよりも安価な運賃設定がされている場合がほとんどであることから，既存の交通事業者からは強い反発を招いていることもよく知られている．一方で，従来の「公共交通」か「自家用車」かという二者択一ではなく，新たな選択肢としてライドシェアやカーシェアが表出したことは，モビリティ確保の方策として画期的なものであるといえる．とりわけライドシェアについては，それまで出会うことのなかった人が自家用車の車内で出会い，会話し，交流するということは，新たな公共移動の形態，あるいは公共移動のパラダイムシフトの一つともいえる．

3.4. モビリティと不平等性

ここまでみてきたように，新たなサービスの登場などによってモビリティが変容しているが，それは果たして人々にとって平等なものであるのだろうか．以下では，モビリティと不平等性についていくつかの論考から整理を行い，次章以降のモビリティ確保策の事例研究につなげていく．

社会学者のアンソニー・ギデンズ（Anthony Giddens）は，「交通機関の利用機会は，農村における社会的排除に影響を及ぼす最も大きな要因のひとつである」（Giddens, 2006＝2009: 383）と説明し，ある世帯において自動車を所有あるいは利用可能であれば，家族が近隣の町で仕事をしたり，他の地域に住む友人や家族への訪問を容易に計画できることを指摘する．一方で，自家用車等の交通手段を持たない人々は，諸々のサービスの利用範囲が制約されているほか「一部の村落では，バスが一日に数便しか運行されておらず，バスの運行スケジュールは，週末や休日に制限され，夜遅くには皆無になっている」（同上）としている．

こうした状況は，第1章でもみてきたように，不採算による利用者減少や交通事業者の撤退という悪循環に陥る中で，わが国においても過疎地域等で散見されるケースである．とりわけ，公共交通サービスが欠如していることで，買い物や通院，行政サービスへのアクセスという最低限の生活はもとより，友人・知人に会うことや，習い事に通うことなどの余暇的な部分さえも制限されうることは，モビリティの不平等性を考える上での重要な論点となりうる．

ネットワーク資本という観点からも，Elliot and Urry（2010）によってクルマへのアクセスの有無が生み出す不平等性について指摘されている．具体的には，「車の所有者／使用者（通常男性はネットワーク資本が高い）と自転車利用者，歩行者，そしてとくに子どもたち（ネットワーク資本がきわめて低い）の間には巨大な不平等が存在する」（Elliot and Urry, 2010＝2016: 86）としており，こうした指摘は湯川（1968）による「交通砂漠における弱者の存在」に関する記述と共通している．

クルマ社会との関連でいえば，アーリは自動車移動が職場と家庭，あるいは人の住む場所と買い物に行く場所とを引き離し，地元の小売店を衰退させ，人々の集まる広場を侵食してきていると説明する（Urry, 2007＝2015: 178）．こ

れは，日本においては地方部での買い物弱者の問題を例にとれば，想像に難くないであろう[27]．特に地方部では，一定以上の所得層であれば家族の構成員につき一台（あるいはそれ以上）の自家用車を保有することができるが，そうでない層にとってみればますますアクセスが制限される．また，クルマが増大することで公共交通の利用者減少につながってしまうケースも少なくないため，自家用車を「持つもの」と「持たないもの」の間に，「モビリティの格差」ともいうべき間隙が際限なく拡大しているのである．

4．本章のまとめ

　以上のように本章では，地域公共交通とモビリティ確保の理論的背景として，従来の交通研究やモビリティ論に関する社会学研究などを整理してきた．

　地域公共交通の制度／政策／実態に関わる研究からは，制度・政策が変化していく中で，交通計画や政策に参加するアクターが多様化していることを確認してきた．こうした中で，市民・住民の役割も変化しており，住民の自治能力や責任が問われてくることを確認してきた．住民のみならず，各アクターが「よりより地域を皆で形成するという公益重視の姿勢」（辻本，2011: 13）で，議論を重ねていくことが必要とされている一方で，地域住民も単に要望するのみではなく，日常的に交通を利用している住民が，適切な場で適切な意見を述べていくことも求められている．

　また，第2節以降のモビリティ確保や社会学におけるモビリティ論を概観すると，1960年代の湯川らの研究から，近年のアーリの研究まで，モビリティに関する先行研究はそのほとんどがクルマ社会の進展との関わり合いの中で議論が進められてきた．湯川のいうように，モビリティを確保すると一般にみなされているクルマは，ただ単に増加したのみで一部の人々，たとえば高齢者や障害者といった人々のモビリティは失われてきたともいえる．これまで，どれだけ自動車が人々のモビリティを高めてきたかはいうまでもないが，そのシームレスさゆえに公共交通は断片的なものとなり，先述のようにモビリティの格差を拡大させてきたといえる．

　一方で，交通権に関する議論においては，それまで外出や移動が容易でなか

った障害者が，当事者，家族，支援者等を組織化して行ってきた社会運動の中で，モビリティ確保が実現されてきたという背景もある．また第1章でみてきたように，いわゆる福祉輸送によって身体障害者や社会福祉制度・政策の対象内にいる高齢者のモビリティは一定程度，確保されてきていることも事実である．

　しかしながら，地域社会におけるモビリティに関するニーズが多様化，個別化する中で，当事者や家族，支援者という組織化，運動化が難しく，政策要求につなげることができていないという現状にある．また社会的にも，高齢運転者による交通事故の増加や，認知症運転者の問題が取り沙汰される中で，運転にリスクのある高齢者の家族や周囲の人々は「運転してほしくない」というのが率直な意見であろう．こうした中で，地域住民自身も現役世代の時から地域の交通問題に関心を持ち，どういった課題があるのかを認識し，自治体や交通事業者とともに議論を深めていくことが求められる．

　高齢者等の交通弱者へのモビリティ確保が必要とされているが，本書はとりわけ，地域公共交通の問題に焦点を当てて，地方部や過疎地で，どのような取り組みが，なぜそのアクターによって行われてきたのか，複数の事例から考察していく．従来の交通研究や地域社会学の研究では，個別の運行形態や個別のアクターに着目して行われた研究はあっても，それらを比較して，どのようなアクターにどういった特徴があるのかを説明しているものは少ないといえる．

　本書で取り上げる事例は，いずれも地域の諸課題に対して運行主体であるアクターが，何らかのモビリティ確保の方策を講じてきたものである．そしてそれは，従来のような公共交通のように「再生」していくのではなく，地域のニーズをもとに創造し，新たに展開してきた事例がほとんどである．本書は，こうした事例地域におけるアクターへのインタビュー調査を通じて，齊藤（2012）のいう「WHY の問い」すなわちなぜ，そのアクターが取り組んできたのか，あるいは岡（1973）のいう多様化するニーズの分析が行われてきたかなどについて，交通網構築の一連のプロセスから網羅的に明らかにしようと試みるものである．

注

1) 地方公共団体を中心に地域の関係者が協議し，地域の実情に応じた生活交通確保方策等を決定する組織．(「地域公共交通支援センター　地域公共交通に関する用語解説『地域協議会』」〈http://koutsu-shien-center.jp/glossary/index.html〉(最終閲覧日　2018年9月21日)．

2) 寺田一薫 (2005)「規制緩和後のバス市場の変化」『地方分権とバス交通』寺田一薫編著，勁草書房．

3) 地域住民の生活に必要な旅客輸送の確保その他の旅客の利便の増進を図るために必要な一般乗合旅客自動車運送事業及び道路運送法施行規則第49条第1号に規定する市町村運営有償運送に関する協議を行うために一又は複数の市町村長 (特別区の区長を含む) 又は都道府県知事が主宰する会議．(「地域公共交通支援センター　地域公共交通に関する用語解説『地域公共交通会議』」〈http://koutsu-shien-center.jp/glossary/index.html〉最終閲覧日　2018年9月21日)．

4) 髙橋愛典 (2006)『地域交通政策の新展開　バス輸送をめぐる公・共・民のパートナーシップ』白桃書房．

5) 森山昌幸・藤原章正・杉恵頼寧 (2003)「過疎地域における公共交通サービスの評価指標の提案」日本都市計画学会第38回学術研究論文発表会．

6) 森田優己 (2006)「交通における規制緩和」『交通論を学ぶ』土居靖範・柴田悦子・森田優己・飴野仁子共著，法律文化社．

7) 西村弘 (2007)「非帰結主義的交通政策批判」『脱クルマ社会の交通政策』ミネルヴァ書房．

8) 土居靖徳・可児紀夫編著 (2014)『地域交通政策づくり入門』自治体研究社．

9) 西村弘 (2007)「現代社会と交通政策」『脱クルマ社会の交通政策』ミネルヴァ書房．

10) 中川大・能村聡 (2003)「規制緩和下における市民組織によるバス支援プロジェクトの可能性と課題」『土木計画学研究・講演集』第27巻．

11) 室井研二 (2009)「「縮小」社会の合併・分権改革──交通社会学的考察──」『社会分析』36号，65-81頁．

12) 田代英美 (2011)「地方圏における生活交通の社会学的検討」『福岡県立大学人間社会学部紀要』第20巻第2号，59-72頁．

13) 齊藤康則 (2012)「転換期におけるコミュニティ交通の展開とその課題──日立市塙山学区「木曜サロンカー」をめぐる地域住民と交通事業者の協働」『東北学院大学経済学論集』第179号，13-30頁．

14) 湯川利和 (1968)『マイカー亡国論』三一書房．

15) 日比野正己 (1986)「交通権の思想」『交通権　現代社会の移動の権利』(交通権学会編)，第1章，日本経済評論社．

16) 岡崎勝彦 (1986)「交通権と人権」『交通権　現代社会の移動の権利』交通権学会編，

日本経済評論社.

17) 交通権学会「交通権憲章（1998 年版）」〈http://www.kotsuken.jp/charter/preamble.html〉（最終閲覧日　2018 年 9 月 25 日）.

18) 西村弘（2009）「交通権と脱「クルマ社会」——移動の自由から交通の自由への意味——」『交通権』第 26 号，27-37 頁.

19) 同上.

20) 安藤陽（2016）「鉄道政策にみられる「行政の責務」の展開——交通権 30 年の推移との関連で——」『交通権』第 33 号，40-44 頁.

21) これに加えて，同じく 1973 年に出版された，石坂直行氏の「ヨーロッパ車イスひとり旅」（筋ジストロフィーで四肢マヒの重度障害者がヨーロッパを旅する旅行記）も障害者の交通権運動に影響を与えたとされている（馬場，1999）.

22) 三星昭宏・秋山哲男（1996）「高齢者と交通」『講座　高齢社会の技術 6　移動と交通』秋山哲男・三星昭宏編，日本評論社.

23) 吉原直樹（2015）「アーリの社会理論を読み解くために」『モビリティーズ　移動の社会学』（ジョン・アーリ著）日本語版解説，作品社.

24) 大橋昭一（2010）「モビリティー・パラダイム論の展開——モビリティー資本主義の提起——」『和歌山大学観光学部紀要「観光学」』第 3 号，11-21 頁.

25) Featherstone, M., N. Thrift, and J. Urry（2005）*Automobilities*, SAGE Publication Ltd.（近森高明訳『自動車と移動の社会学　オートモビリティーズ』（新装版）法政大学出版局，2015 年）.

26) Humes, E.（2016）*Door to Door*, Harper（染田屋茂訳『DOOR TO DOOR「移動」の未来』日経 BP 社，2016 年）.

27) 関（2015）は，買い物弱者の要因として，自動車社会の進展を挙げており，まさに自動車移動が居住する場所と買い物に行く場所とを引き離しているといえる.

第3章
高齢社会におけるデマンド交通の新たな展開
―― 三重県玉城町と長野県安曇野市における社会福祉協議会の取り組みから ――

　本章の目的は，三重県玉城町と長野県安曇野市のデマンド交通[1]の実践に着目し，地域公共交通の新たなアクターとしての社会福祉協議会（以下「社協」と略称）の役割と，地域福祉的な公共交通の展開可能性を，二つの地域へのインタビュー調査の考察から提示することである．

　本章で扱う二つの事例では，公共交通アクターとして主流ではない社協が主体となって地域公共交通を運行することにより，多くの高齢利用者を獲得し，事業を持続可能にしている．筆者が行った三重県玉城町と長野県安曇野市の社協へのインタビュー調査からは，社協が住民視点から生活課題の発見や，ニーズの把握を行い，これに応答可能なデマンド交通を活用して高齢者の外出を促進していることがわかった．

　これまでの地域公共交通の文脈における社協の役割に視点を向けると，従来は福祉有償運送や福祉車両の貸出，ボランティアを活用した移動支援などを行ってきた．しかし本章で中心的に扱う三重県玉城町や長野県安曇野市などの地域でも，社協が運行主体となって公共交通を運行する事例がみられるようになった．従来は，自治体や交通事業者の運行が困難となった場合に，やや消極的な表現をすれば，下請け的に社協が担ってきたケースがみられる．しかし，筆者が研究対象としてきた玉城町や安曇野市のケースからは，市区町村社協の主な役割である「多様な福祉ニーズに応える」ための地域の特性を踏まえた創意工夫を，地域公共交通の運行を通じて行っていることがわかっている．

1．高齢社会におけるモビリティ確保の現状と課題

　ここではまず，高齢社会におけるモビリティ確保の現状と課題について簡潔に整理する．2017 年 3 月に国土交通省が設置した「高齢者の移動手段に関す

る検討会」では，高齢者の生活・外出特性に着目しているが，その背景の一つに「高齢者の世帯類型の特徴」を挙げている．近年，高齢者を含む世帯で「単独世帯」や「夫婦のみの世帯」という構成が増加しており，「日常生活上必要な移動のため，高齢者が独力で移動せざるを得ないケースが増加」しているため，同検討会では高齢者の移動手段の確保が必要であるとしている[2]．

また東京都における平成 27 年度「高齢者の生活実態」報告書では，高齢者のうち健康状態を「よい」と考える人の 72.1％が「ほぼ毎日」外出すると回答しており，また週 4 回程度～ほぼ毎日外出する人は，近隣住民との付き合いの頻度も高いことが報告されている[3]．このことから，高齢者のモビリティ確保は，単なる外出支援としてのみならず，近隣住民との関係維持や，健康状態の向上，あるいは介護予防にもつながるものと考えられる．

1.1. 高齢者の外出状況に関する若干の整理

平成 29 年版高齢社会白書によれば，日本の総人口に占める 65 歳以上の高齢者人口の割合は 27.3％となっている．高齢化率の将来推計をみると，2025 年には 30％を超え，2065 年には 1 人の高齢者に対して 1.3 人の現役世代という比率になるという予測が示されている[4]．また地域別の高齢化率をみると，2040年には最も高い秋田県では 43.8％となり，最も低い沖縄県でも 30.3％に達するとされている[5]．したがって，高齢化の進展は過疎地域や中山間地域のみならず，都市部や若年層が比較的多いとされる地域でも起こりうるものと考えられる．

高齢者の生活状態を取り巻く環境に着目すると，60 歳以上の高齢者が外出時の障害と感じている事柄として，「バスや電車等公共の交通機関が利用しにくい」（13.4％），「バスや電車などの公共交通機関が未整備」（5.2％）などが挙げられている．さらに，人口 10 万にあたりの交通事故死者数は減少しているにもかかわらず，交通事故死者数全体に占める高齢者の割合が 54.8％と過去最高となっている[6]．

これらのことから，高齢者が外出する際に，第 1 に公共交通の利用のしにくさ（あるいは未整備），第 2 に交通事故のリスクという 2 つの障壁があるといえる．1 点目は，たとえば都市部であればバス，地下鉄，私鉄など，複数の選択

肢の中から必要に応じて選び取ることが可能であるが，地方部では移動手段が限られていることも少なくないことから，高齢者の外出において公共交通が整備されていないことは，大きな障壁となりうる．さらには，モータリゼーションの影響で，人々は自家用車で移動することが一般的となり，これが路線バス，地方鉄道等の地域公共交通の衰退の一因ともなっている．

　また近年の高齢者のモビリティに関する研究では，とりわけ国外研究で "frail" あるいは "frailty" という用語が使われており，こうした人々にどのような移動手段を提供すれば外出することができるのかについて検討されてきている（Fairhall et al. 2012, Cesari 2017 など）．これらは「虚弱な」や「弱さ」を意味するが，日本においても 2014 年 5 月に，日本老年医学会によって「フレイル」に関するステートメントが出されており，これによれば，とりわけ 75 歳以上の後期高齢者の場合は，"Frailty" という中間的な段階を経て徐々に要介護状態に陥るものとされている[7]．さらに，フレイルの段階に陥った高齢者を早期に発見し，適切な介入によって生活機能の維持・向上を図ることが期待されていることから，高齢者の外出に際してのモビリティ確保の意義は一層大きくなるものと考えられる．

1.2. 福祉輸送による高齢者のモビリティ確保

　高齢者のモビリティ確保を考える際，いくつかのフェーズで「高齢者」を捉える必要があるものと考えられる．まず，要支援・要介護の状態にある高齢者は，道路運送法の第 78 条における自家用有償旅客運送の「福祉有償運送」によって，原則ドア・ツー・ドアの個別輸送のサービスが提供されることとなっている．

　欧米諸国では STS（スペシャル・トランスポート・サービス）と呼ばれているものであるが，障害者や高齢者（特に日常的な移動に障害を有する人）が主な利用対象者とされている．たとえばスウェーデンの STS は，1979 年までにすべてのコミューンで運行されるようになっている．秋山（2009）によれば，その利用資格を，公共交通機関の利用が「相当困難であること」とするコミューンが 9 割であったという[8]．

　日本の福祉有償運送（以下，「福祉輸送」と略称する）は，タクシー等の公共

交通機関によって要介護者，身体障害者等に対する十分な輸送サービスが確保できないと認められる場合，NPO 法人や社会福祉法人が営利とは認められない範囲の対価での乗車定員 11 人未満の自家用自動車を使用して行うドア・ツー・ドアの個別輸送サービスとされている．

その旅客の範囲は，① 身体障害者，② 要介護認定を受けている者，③ 要支援認定を受けている者，④ その他肢体不自由等の者と規定されていることから，公共交通の利用困難な高齢者・障害者のためのモビリティ確保の方策の一つとされてきた．上記 4 つの条件のいずれかに適合する高齢者・障害者は，公共交通にアクセスできなくとも，NPO 法人や社会福祉法人による福祉輸送によってモビリティが確保されてきた．そうした意味では，公共交通と福祉輸送には一定の相互補完性があるものと理解できる．

その一方で，先進的な取り組みを進めてきた欧米諸国では，福祉輸送のコストがかかりすぎるとして，高齢者・障害者に利用しやすいように公共交通の改善が進められてきたという背景がある．たとえばスウェーデンでは，STS の需要増大によって財政的に問題視された 1980 年代中盤から，STS 利用資格者に対する乗合バス無料化が行われ，さらには，「バスを利用するには困難があり」，しかし STS を「利用するまでに至らない人」を対象に，サービスルートという新たなバスサービスが開始されている（秋山，2009: 124-125）．

このサービスルートは，松尾・中村（1996）によれば，その第 1 の目的に，公共交通及びマイカー利用の困難な人と STS を必要としながら利用資格を与えられていない人という，制度の谷間（グレーゾーン）にある人々の移動ニーズを満たすことである，とされている．秋山（2009）によれば，東京都武蔵野市の「ムーバス」は，サービスルートのコンセプトを受け継いで作られたものとされているが，高齢化が進行する中で，後述のような社会福祉制度や政策の対象外の人々が顕在化しつつある現在では，より一層こうした考えが求められているといえよう．

1. 3. 制度・政策の狭間にいる高齢者に対するモビリティ確保の必要性

ここまで，高齢社会におけるモビリティ確保の現状と課題について整理を行ってきた．特に前項では，福祉輸送による高齢者のモビリティ確保と，そこか

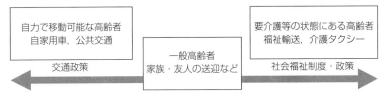

図3-1　制度・政策の狭間にいる一般高齢者

出典：筆者作成.

ら抜け落ちる，グレーゾーンの人々へのサービスルートによる対応について簡単に説明を行ってきた．ここでは主に，制度・政策の狭間にいる高齢者に対するモビリティ確保の必要性について論じたい．

社会福祉に関する制度や政策の対象範囲にいる高齢者，あるいは自力での移動に何ら不安を抱かず，客観的にも移動可能であると判断される高齢者であれば，公共交通やマイカー，福祉輸送によってモビリティが確保されている状態にあるといえる．しかし，「それ以外の高齢者」はどのように移動すれば良いのか，という問題は依然として残る．つまり，要介護や要支援の状態にない，いわゆる一般高齢者（身体以外の障害者等も含む）のモビリティ確保の方策がこれまで検討されてこなかったという問題がある．

図3-1では，制度・政策の狭間にいる一般高齢者について，簡潔に図示している．自力で移動可能な高齢者としているが，先述のように高齢運転者による交通事故や，認知症運転者の運転免許取り消しの問題等もあり，一般高齢者との境目に明確なものがあるとは言い切れない．そうした意味では，一般高齢者もいずれは健康状態の悪化等によって要支援・要介護状態となることが想定されるが，社会福祉制度の対象となるまで，自力での移動か，限られた本数のバス利用か，あるいは家族・友人の送迎に依存することになる．

図3-2では，要介護認定者数と一般高齢者数の推移を示している．高齢化率が2003年の19.5%から2013年の25.1%と，5.6%も増加していることに対して，65歳以上人口における要介護認定者数の割合は2.6%の増加にとどまっている．65歳以上人口から要介護認定者数を差し引いた数，すなわち一般高齢者の数は約2,620万人いると想定される．これらの一般高齢者は，すべてが交通弱者というわけではないが，たとえ自家用車や運転免許を保有していたとし

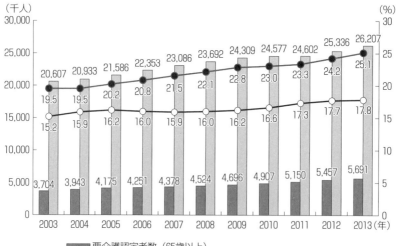

図 3-2　要介護認定者数と一般高齢者数の推移
出典：平成 28 年版高齢社会白書及び総務省統計局人口推計（平成 28 年 10 月）より筆者作成．

ても，運転技術や認知機能の低下に伴ってモビリティが失われる可能性が高い層であるといえる．

　このような一般高齢者へのモビリティ確保の問題を検討する際，二つの背景があると考えられる．第 1 に，生活圏域の拡大である．かつては，生活圏域が現在ほど広大でなく，買い物や通院などの日常的な移動が小地域で完結していた．しかし関（2015）は，大型量販店の地方への大量進出によって，さらに買い物客の行動範囲が拡大し，地元小規模事業者が縮小してきたと説明する[11]．またこうしたことから，自家用車を保有していない高齢者等はますます，その行動範囲が限られたものとなり，いわゆる買い物弱者となってしまう可能性が大いにあるといえる．

　第 2 に，家族構成の変化である．かつては移動手段を持たない高齢者も，同居する家族や近隣住民の自動車に同乗して移動することができたが，図 3-3 の通り，高齢者のみで構成されている世帯（夫婦あるいは独居）が増加傾向にあ

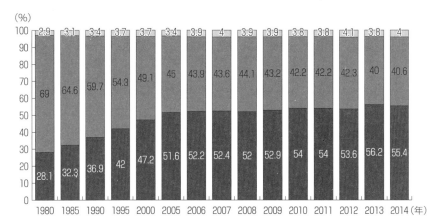

図 3-3　高齢者のいる世帯の子ども，親族等との同居状況
出典：平成 28 年版高齢社会白書（全体版）図 1-2-1-1「家族形態別にみた 65 歳以上の高齢者の割合」より筆者作成．

る．1980 年は 3 割弱であった高齢者のみの世帯も，2014 年には半数以上となっている．さらには，1 点目の生活圏域の拡大と相まって，長距離の移動による買い物や通院に連れて行ってもらうことを頼みづらい場合や，遠方で暮らす家族（息子，娘等）に送迎を頼むこと自体が困難な状況にある．

実際，筆者が行ってきた地方部における乗合タクシーの調査においても，同居していない家族の送迎に頼る高齢利用者も数名みられた．同居している家族がいたとしても，運転してくれる家族に予定を合わさなければならないことや，恒常的に，また気軽に利用できるわけではないという意見も得られている．

1.4.　高齢者の生活を支えるためのモビリティ確保のあり方

政府は 2016 年 11 月に「高齢運転者による交通事故防止対策に関する関係閣僚会議」を開催し，その中で，自動車の運転に不安を感じる高齢者の移動手段の確保など，「社会全体で高齢者の生活を支える体制の整備を着実に進める」との総理指示が出されている[12]．これを踏まえて，国土交通省では 2017 年 3 月に「高齢者の移動手段の確保に関する検討会」が設置され，高齢者が安心して移動できる環境整備等について，2017 年 6 月までに計 4 回，検討会が開催さ

表 3-1 「高齢者の移動手段の確保に関する検討会　中間とりまとめ」の概要

主要な事柄	主な内容
1．公共交通機関の活用	高齢者の公共交通機関の利用促進策に対する地方公共団体の助成，タクシーの相乗り促進，過疎地のサービス維持
2．貨客混載等の促進	過疎地域における人流・物流サービスの持続可能性確保のための，旅客と貨物の「かけもち」，スクールバス等への混乗
3．自家用有償運送の活用	市町村が主体となる自家用有償運送の活用の円滑化（持ち込み車両使用は NPO のみ可→市町村主体の場合も可能に）
4．許可・登録を要しない（互助による）輸送の明確化	ルールの明確化，営利を目的としない「互助」による輸送のために輸送対価に当たらない支援の例示，条件整備など
5．福祉行政との連携	地域における分野横断的連携，介護サービスと輸送サービスとの連携，交通事業者・介護事業者の相互理解の促進
6．地域における取組に対する支援	地方運輸局の取組強化，制度・手続等の周知徹底，地域主体の取組の推進

出典：国土交通省「高齢者の移動手段の確保に関する検討会　中間とりまとめ」(2017) より筆者が抜粋.

れている．2017 年 6 月に報告された検討会の中間とりまとめによれば，**表 3-1**の通り，主に 6 点に関する整理が行われている．

　この中間とりまとめで報告されている主要な事柄のうち，たとえば「3．自家用有償運送の活用」は，第 4 章で取り上げる京丹後市丹後町の事例が該当する．また「5．福祉行政との連携」については本章で取り上げる三重県玉城町，長野県安曇野市の社協による地域公共交通の運行がそのモデルケースとして位置付けることも可能であると考えられる．とりわけ福祉行政との連携については，先述した制度・政策の境域にいる高齢者のモビリティ確保を考える上でも非常に重要な点であり，交通事業者と介護事業者が積極的に連携を図っていくことで，制度の狭間を埋めていく可能性もあるといえる．

　今回の国土交通省による検討会設置や中間とりまとめは，その前提として高齢者の生活や外出特性に関する整理が行われており，これを出発点としてどのようにモビリティ確保を実現していくべきかを検討している点で，今後の地域公共交通政策や高齢者福祉政策への含意があるものと評価できる．一方で，ここで掲げられている連携や活用については，現段階ではその具体事例の蓄積途上にある．そのため，後述する事例研究においては，ここで検討されている事柄について詳細な議論を行いたい．

2. 三重県玉城町における「元気バス」と社会福祉協議会の取り組み

2.1. 三重県玉城町のオンデマンドバス「元気バス」

ここでは，三重県玉城町のオンデマンドバス「元気バス」と玉城町社協の取り組みについて詳述していく．図 3-4 及び表 3-2 では，玉城町と元気バスの概要を示している．伊勢市の西に位置している玉城町では，1996 年に民間路線

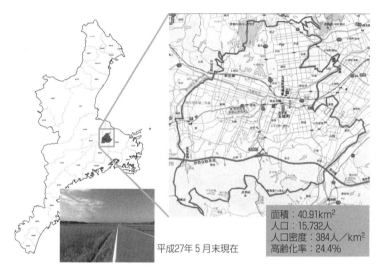

図 3-4　三重県玉城町の地図と概要
出典：玉城町社会福祉協議会提供資料．

表 3-2　三重県玉城町と
「元気バス」の概要

人口	15,732 人
面積	40.91 km^2
高齢化率	24.4%
利用者数	26,296 人／年
運行形態	町内フルデマンド
運行台数	3 台
運賃	無料

出典：玉城町ホームページ及び玉城町社協提供資料より筆者作成．

表 3-3 オンデマンドバス「元気バス」導入までの経緯

1997 年	路線バスの廃止に伴い,「福祉バス」運行
2009 年	福祉バスと並行して「元気バス」実証運行開始
2010 年	利用者の制限を撤廃して,全住民を利用対象者に
2011 年	オンデマンドバス「元気バス」への移行

出典：玉城町提供資料より筆者作成.

バスが大幅に縮小された．翌年より玉城町社協に委託のもとでコミュニティバス「福祉バス」の運行が開始された．マイクロバスに平均4〜5人程度の利用者で，住民の声や予算面での問題から新たな地域公共交通のあり方を再考した．その結果，東京大学大学院との共同研究でオンデマンドバスが導入されることとなった．

　玉城町のオンデマンドバス「元気バス」導入までの経緯は，表 3-3 を参照されたい．2009 年には前身の福祉バスと並行して元気バスの実証運行が行われ，2010 年には利用者制限の撤廃，2011 年には元気バスへの完全移行が行われた．利用者は月に 2,100〜2,200 人の間を推移しており，多い時には 2,500 人に達することもあるという．2013 年度からは，毎週火曜・金曜日に実施している介護予防専用の「すまいるバス」の運行を開始したことで，現在の数字に落ち着いている．3 台の元気バス運行にかかる年間の予算は約 2,000 万円で，これは玉城町から拠出されている．

　また，図 3-5 は 1,300 人以上いる元気バス登録者の年齢別の内訳を示している．全体の登録者のうち 65 歳以上が 7 割以上を占めており，これは実際の利用者層にも反映されているものと考えられる．高齢者以外の年齢層への需要としては，小学生が学習塾へ通うために片道だけ利用しているケース（社協へのインタビュー調査から得られた事例）や，筆者が実際に試乗した際には，知的障がいのある男性が作業所へ通うために利用している様子がみられた．

2. 2.「元気バス」の取り組みの独自性

　元気バスの利用方法は，まずスケジューリング等の運行管理を行う玉城町社協のオペレーターに，電話かインターネット等から，希望の時間や移動場所を指定して予約を行う．この予約情報をもとに，社協のオペレーターがパソコン

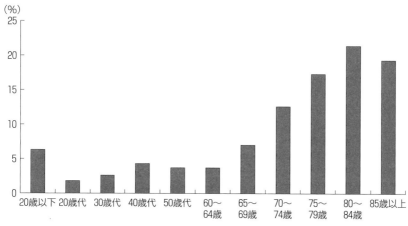

図 3-5　元気バス登録者の年齢別内訳
出典：2014年の玉城町社会福祉協議会提供資料に基づき，筆者作成．

に入力していくことによって「予約表」が作られていく．ここで「元気バス」のメリットとして挙げられるのが，タクシーのような「即時性」である．たとえば利用者Aからの予約を受けて迎えに行く途中に利用者Bからの予約が入ったとしても，その情報がドライバーにすぐ伝えられ，経路変更を行うことも可能となる．

　バス停は2017年時点で，町内に170か所以上あるため，利用者は自宅に近い場所から医療施設や商業施設にアクセスすることが可能となる．なお，バス停にはポール等は立てられておらず，地図上にプロットされているだけであるが，近所の住民であればわかるようになっている．これについては，町内に69の自治区及びその区長が設定されていることに着目したい．運行当初の2009年では，元気バスの停留所は町内に83か所であったが，2017年には前述の通り170か所以上に増えている．

　これは，住民・利用者から「ここにも停留所を増やしてほしい」という要望があれば，当該区の区長が集約し，町と協議のもと新設してきたという経緯がある．また玉城町では，乗車前の予約を社協が見守り活動の一環として捉え，高齢利用者の生活のシグナルとなっている．日常的な利用回数もデータとして残るため，外出することが少なくなった場合でも，社協が把握できるというメ

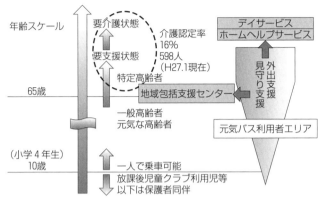

図 3-6 元気バス利用者の支援エリア
出典:玉城町社会福祉協議会提供資料.

リットがある.

　また，2013年の調査では，利用者からの意見を定期的に集約するシステムの有無について尋ねた．これに対する回答としては，システムはないが，インフォーマルに運転手や社協職員が利用者からの意見を聞き入れ，実践に採り入れているということが明らかになった．たとえば元気バス利用者が，町外の友人と一緒に玉城町内の温泉施設に行きたい，という申し出があった際は，玉城町民と同じように年間5,000円の「賛助会費」を支払ってもらうことで，元気バスの利用資格を与えた．他には，利用者から「100円でも良いので運賃を支払いたい」という根強い意見があったため，2012年12月より「募金箱」を元気バス車内に設置し，その寄付金を地域福祉及び社協運営に役立てるという工夫も行っている．

　図3-6は，玉城町社協の想定する元気バス利用者の支援エリアを示している．一般高齢者や元気な高齢者，一人で乗車可能な小学生などが，支援エリアとなっている．ただ，これはあくまで利用者を対象化しているわけではないことも指摘しておきたい．すなわち，社会福祉制度の対象外ではあるが，何かしらの理由で自力での移動が困難な層にアプローチしているということを意味する．たとえば小学生であれば，自転車には乗ることができるが，長距離での移動が困難であるという，身体的な要因が想定される．また高齢者も，加齢による運

転能力の衰えや不安感，あるいはタクシーを日常的に利用することは経済的に困難であるという要因が想定される．そこで元気バスは，こうした制度・政策の狭間にいる人々を包摂すべく，利用曜日や利用時間に一定の制限はあるものの，平日の日中に地域社会の中を移動したい人々の「生活の足」の役割を果たしている．

2.3. 交通網形成における社会福祉協議会の役割

2014年に行った補足調査では，主に元気バス導入前のプロセスについて話を聞くことができた．たとえば導入開始前，回覧板にて元気バスの告知を行っていたが，高齢者の目に触れる機会は少なかった．そこで社協職員が，老人クラブやサロンに赴き，説明を行った結果，周知することに成功したという．また，町内大きく分けて4つの地区のうち，1つの地区では元気バス導入に反対していたという．地区の住民に話を聞くと，農業をしている住民が（前身の）福祉バスを「時計代わり」に使っていたため，ということがわかったという．たとえば昼前等にバスが通ると，農作業を一度中断するといったように，バス本来の目的とはかけ離れた形で活用されていた．しかしこれに対しても社協職員が区長のもとに自ら足を運び，「福祉バスに代わる良いバスを提供する」という説得を行い，結果的に反対していた地区に住む潜在的な利用者を引き出すこととなった．

さらに，元気バスが導入された最初の2か月間は，福祉バスと並行して運行されていたという．これについては，移行期間を設けることによって，どちらの交通形態が便利であるかを利用者に判断してもらうことにつながったといえる．社協職員はまた，元気バス移行の際に福祉バス利用者へ優先的に説明を行ったものの，結果的に高齢者同士のネットワークで広まり，想定していたような労力は伴わなかったという．

今後，全国的にデマンド交通を導入する自治体の増加が見込まれることについては，交通事業者に全て委託してしまうことは絶対に避け，目的に合ったシステム及び運行管理をする業者選択が求められてくるであろう，という意見が得られた．そして自治体のみならず国・政府もデマンド交通の効果について勉強していく必要がある，ということであった．社協がイニシアチブをとって運

行できる要因については，以前の福祉バスから委託されていたためで，元気バスについても地域福祉の視点を持って展開することが可能となる．一般の自治体であれば公共交通は，政策課等が担うことが多いが，玉城町ではこのような経緯から「生活福祉課」が担当している．

　以上のように，玉城町では高齢者の外出支援策として「元気バス」が果たす役割は大きく，移動を保障するという観点から高齢期の生活を充実させている．とりわけ買い物や通院という，日常的な生活での基本的な側面を充足させていることは，着目すべき点である．

　さらに，前身のコミュニティバス（福祉バス）からオンデマンドバス「元気バス」へ移行するプロセスにおいて，社協職員が各地域の住民に説明を行ったことは，元気バスという新たな公共交通の周知と利用者の獲得につながっている．つまり，多くの高齢利用者を獲得している要因として，オンデマンドバスというシステムに加えて，実践現場における社協職員の努力や創意工夫があったといえる．加えて玉城町社協では，「元気バス→福祉有償運送→デイサービス」という切れ目のない高齢者福祉サービスを理想として掲げており，実際に社協へのインタビューからも「できるだけ最期までお付き合いしたい」という社協職員の声を聞くことができた．

　また玉城町では，2014 年度から後期高齢者にかかる医療費と，元気バスの連動性分析を行っている．この結果，元気バス導入以前の 2009 年から 2012 年の間で，推計値よりも約 3000 万円の減少につながっていることがわかっている．高齢者福祉の在り方として，これまでが介護という「対象的な経費」に充てられてきたことに比べると，玉城町社協ではこのように，元気バスを中心に「予防的な経費」として高齢者への福祉サービスを提供していることも，特徴として挙げられる．

3．長野県安曇野市における「あづみん」と社会福祉協議会の取り組み

3.1. 長野県安曇野市のデマンド交通「あづみん」

　本節では，筆者が行った安曇野市社協へのヒアリング調査をもとに，デマンド交通「あづみん」について，前節と同じく 2013 年の調査から概要を説明す

第 3 章　高齢社会におけるデマンド交通の新たな展開　　*79*

表 3-4　長野県安曇野市と
「あづみん」の概要

人口	98,374 人
面積	331.82 km^2
高齢化率	28.7%
利用者数	91,272 人／年
運行形態	エリア内デマンド
運行台数	10 台
運賃	300 円*

*障害者手帳を有する人，小学生以
下は 100 円で利用できる.
出典：安曇野市ホームページ及び安
　　　曇野市社協より筆者作成.

る．そして 2014 年の調査で尋ねた，社協が担うようになったプロセス，そし
てどのようにイニシアチブをとってきたかについて述べ，考察を行う．

　表 3-4 では，安曇野市とデマンド交通「あづみん」の概要を示している．玉
城町と比較すると人口，面積ともに大きな差異があるものの，社協が運行主体
となってデマンド交通を運行している点は共通している．

　2013 年度の全利用者のうち 77.4% が女性の利用者で，1 か月の利用者数は
7,500 人前後を推移している．デマンド交通の運行時間は 8：00～17：00 とな
っており，このほかに，通勤通学の時間帯は同じ車両を使って定時定路線を運
行している．車両については玉城町と同様に運転手を合わせて 10 人乗りのハ
イエースが使用されている．この車両が市内 5 つのエリア（合併前の旧町単位）
から，共通乗合エリアである豊科地区に向けた「上り」の便と，反対の「下
り」の便が運行されている．5 エリアでの上下便合わせて，市内では計 10 便
が運行されている．

　2005 年に 5 町村が合併して誕生した安曇野市では，合併の際に「公共交通」
と「土地利用」という二つの課題が発生した．そこで，住民アンケートやワー
クショップを行い，住民の「動線」を明らかにした結果，旧堀金村で行われて
いたデマンド交通を市内全域で展開していくことにつながった．2014 年 3 月
31 日までに高齢者を中心に，のべ約 57 万人の利用者を獲得している．

　図 3-7 は，およそ 28,000 人いるあづみん登録者の，年齢別の内訳である．
玉城町同様に高齢者を中心に登録者が構成されている．あづみんにかかる予算

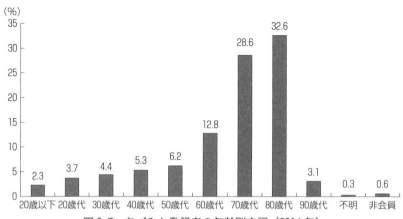

図 3-7　あづみん登録者の年齢別内訳（2014 年）
出典：安曇野市社会福祉協議会提供資料より筆者作成．

は年間約 7,100 万円で，すべて安曇野市の負担となっている．また社協へのインタビュー調査からは，火曜日と金曜日に利用者が集中していることがわかった．明確な要因があるわけではないものの，金曜日は病院が休みになる前に通院目的で利用するということ，火曜日は金曜日に買い溜めたものが少なくなってしまう傾向にあるからではないか，という推測がなされていた．

3.2. 住民・自治体・交通事業者の「三位一体」

　安曇野市では，「利用者のための公共交通とは」を第 1 に考え，住民・自治体・交通事業者（タクシー会社）が「三位一体」となって「あづみん」を展開している．社協が中心となって住民の意見を集約し，公共交通にかかる財源を自治体が拠出し，そして車両の運行を市内のタクシー会社 4 社が担当している．2013 年 8 月に行ったインタビュー調査からは，地元の交通事業者等とどのように「共存・共栄」できるか，という意見が得られ，こうした点はアクター間の連携・協働の方策を考える上でも参照点となる．加えて，公共交通が「タクシー会社視点」からではなく，「住民視点」から構築されるかどうかも重要である，という意見も得られている．

　仮に，タクシー会社が運行主体となっていたのであれば，営利目的としての側面が強まり，デマンド交通本来の役割を見失う可能性があるという声も聞か

れた．オペレーター及び配車の役割を，社協が担うことによって，適切にタクシー会社4社に利用者を分配し，非営利的に運行していくことを可能にしているともいえる．こうした点は，オペレーターや運行主体の選択における論点の一つとなりうるであろう．特に安曇野市の場合は，運行は専門性の高い交通事業者に委託しつつ，予約と配車は公平性の観点から，社協が担っているが，他地域においても，オペレーターと運行事業者の区別，役割分担も一つの選択肢となっていくであろう．

3.3. 交通網形成における社会福祉協議会の役割

　社協がデマンド交通を担う意義については，公共交通の利用を通して住民の「生活課題」を発見し，その解決につなげていくことができる点を挙げている．また生活課題にどう着眼していくかについては，市内約4000か所にある小地域での活動を重要視している，ということであった．

　一方，2014年8月に行った補足調査では玉城町同様に，デマンド交通導入へのプロセスに焦点を当てて質問を行った．これについては，市内全域で一斉に導入するのではなく，市町村合併前からデマンド交通を採り入れていた堀金地区から拡げたことが成功要因の可能性がある，という意見が得られた．

　デマンド交通導入を慎重に行ったという点では，前述の玉城町が2か月間，福祉バスと並行して運行したように，共通している点がある．つまり，新たな交通の展開に際しては，一部の地域から実証実験的に始めるか，あるいは従前の公共交通と並行して運行していくことで，地域住民にとっても理解が得られやすいものと考えられる．安曇野市社協へのインタビュー調査では，この他にも，堀金地区で運行していたときから社協に運営が任されていたことで，合併後も運行主体としてデマンド交通を展開することができたということも明らかになった．

　今後，全国的にデマンド交通導入の増加が見込まれることについては「第三者に専門的な意見を仰ぐことが重要である」という指摘がなされた．加えて，いわゆる交通弱者と健常者には（ニーズや移動特性の）根本的な違いがあるということも理解しておく必要があり，全住民を利用者として取り込むことには無理が生じる，という意見が得られた．そして，玉城町と同じく「民間交通事

業者への完全委託は避けるべきである」と指摘している一方で，利用者が落ち込んでいる地方の交通事業者と協力していくことで，新たな地域公共交通を構築できる可能性があることにも言及していた．

　また安曇野市社協へのインタビュー調査では，近年のデマンド交通への着目が「技術」や「システム」である中で，安曇野市社協ではどのような人材育成が行われているか，ということについても尋ねた．これについては，地域福祉の理念をもとに，福祉専門職としての自覚と誇りを持った人づくりを行っているという回答が得られた．さらには，市町村合併によって広域となった安曇野市において，意識として壊してきてしまった「きずな」や「つながり」を徐々に取り戻していくことも，小地域活動を通して行っている，ということであった．

　以上，本節では安曇野市のデマンド交通「あづみん」について，実地調査から概要を説明し，補足調査から導入プロセスを考察してきた．玉城町と同様に，デマンド交通というシステムが高齢者の移動を可能にしている一方で，社協が地域福祉の視点を持って住民にアプローチを行うことによって，新たな生活課題の発見と解決に結び付けていることがわかる．

4．事例から導出されたインプリケーション

　以上のケーススタディを踏まえて，ここではいくつかのインプリケーションを提示したい．1点目に，地域公共交通における新たなステークホルダーとしての社協である．これまで地域公共交通の運行主体として一般的ではなかった社協が，地域のモビリティ確保の役割を担う意義について簡潔な整理を行う．2点目に，地域公共交通利用を通じた社会的ネットワークの維持・創出について考察する．

4.1. 新たな公共交通アクターとしての社会福祉協議会

　三重県玉城町及び長野県安曇野市における事例をふまえてここでは，新たな公共交通アクターとしての社協の役割と意義の考察を行う．既述の通り，社協へのインタビュー調査では，2014年の補足調査において，デマンド交通の導

入プロセスでどのような議論を行ってきたかを尋ねてきた.

　従来の地域公共交通の文脈では,主なアクターとして自治体や交通事業者,商工会等が想定されてきた.これに対して社協は,自治体から委託された福祉的な交通サービスの事業を行うケースが多かった.あるいはコミュニティバス等の廃止代替バスを引き継ぐ場合も,前身の運行形態のままで,社協独自のアイデアを創出することは,あまり一般的ではなかったといえる.

　地域における社協の役割としては,たとえば「生活課題の発見」に加えて,小地域活動や住民組織化といったことが挙げられる.地域福祉と社協に関連する先行研究では真田(1997)が,地域福祉の「センター」として社協を位置付けていることに言及している.また真田(1997)は,社協が明確に地域福祉のセンター組織として構想されていたわけではない,としながらも,社協に入った職員に社会福祉の専門教育を受けた者及び専門に従事しようとする者が増えたことが要因である,と指摘している.

　さらに真田(1997)は,地域福祉の対象としてその住民生活を挙げながら,社会福祉の対象に留まらない,地域住民が背負っている顕在的/潜在的な生活問題を探究する必要性についても説明している.この真田の先行研究では(1990年代ではまだ提起されるに至らなかった)交通問題への言及はなかったものの,これらの説明から,現代における生活課題としての高齢者の移動の課題を捉えることができる.

　本節で取り上げた二つの事例からは,どちらの事例からも社協職員の現場における努力や,福祉専門職としての人づくりに取り組んでいることが明らかになった.またここでは,本来は交通事業を専門としない社協が,高齢社会において地方交通を担う意義について,玉城町・安曇野市それぞれの社協から得られた意見を,**表3-5**に示した.

　どちらの社協からも「地域住民をみる」ことの重要性について指摘がなされている.また玉城町社協からは上記に加えて,システムに頼るのではなく現場の判断で運行を行い,フェイス・トゥ・フェイスのサービスを実践することが重要である,という意見も得られた.そして,安曇野市社協からは,デマンド交通はシステムでしかなく,「人が人を動かす」という声も聞かれた.これらの意見からは,デマンド交通というシステムに依拠するだけでは住民の本質的

表 3-5　社会福祉協議会が地域公共交通を担う意義

三重県玉城町社会福祉協議会	長野県安曇野市社会福祉協議会
社協は「住民をみる」ことに長けており，たとえばどの地区に独居老人がいるか，ニーズがどこにあるかを見つけることができる．地域福祉の視点があるからこそ，介護予防として元気バスを捉え，そこから福祉有償運送，デイサービスという切れ目のない高齢者福祉サービスを展開できる．	地域住民への専門知，人と人との絆づくり，思いやりといった社協独自の視点がある．これは，商工会や民間の交通事業者にはない視点であり，社協でなければ利害関係を重視してしまう可能性がある．市町村合併以降失われつつある「つながり」や「絆」づくりの一環である．

出典：筆者作成.

なニーズを発見できない可能性を指摘できる．

　このように地域福祉的な視点からこれらの事例を捉えることで，コスト論やシステム論という，既存の交通論の守備範囲ではなかったであろう「誰が，どのように，誰を動かすか」という一連のプロセスを部分的に明らかにすることができた．この点は，交通工学や交通経済学の先行研究では着目されてこなかった視座である．

4.2. 地域公共交通利用を通じた社会的ネットワークの維持・創出

　ここでは，地域住民をつなげる役割としての地域公共交通の意義について検討を行い，デマンド交通等の新たな交通の展開を通じた社会的ネットワークの維持・創出可能性を考察する．

　筆者が実地調査を行ってきたケースでは，利用者数自体は多くはないものの，コミュニティバスの利用を通して友人関係になった高齢者や，特に行き先はないが誰かと会話をするために乗車する利用者がいたことが，バス利用者と運転手へのインタビュー調査からわかった．また利用者によっては，以前は自家用車に乗り合って旅行や買い物に出かけていたが，運転者の高齢化に伴ってバスを使うようになったという声も聞かれた．

　一方で，本章で取り上げた事例からは，既存のつながりが公共交通の利用に影響しているケースもみられた．たとえば三重県玉城町では，筆者が元気バスに試乗した際には，地域の顔見知り同士の高齢女性グループが利用している様子がみられた．また社協へのインタビュー調査からは，先にも述べた通り，老人クラブやサロンへ周知したことによって，コミュニティバスから円滑にデマ

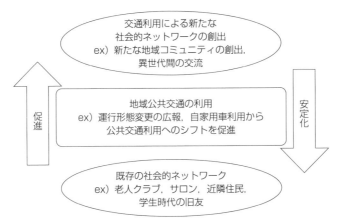

図 3-8　社会的ネットワークと地域公共交通利用の関連性
出典：筆者作成.

ンド交通へと移行できたことにもつながっている.

こうした周知方法については，新たに利用者獲得を行う際にも応用することができるものと考えられる．これらをふまえて図 3-8 では，公共交通利用と社会的ネットワークの関連性を示している．まず，既存の社会的ネットワークについては，玉城町でみられたような老人クラブやサロンという組織を活用することが想定できる．直接的に広報や周知を行うことで，友人との利用促進や，利用方法がわからない高齢者にも説明を行うことが可能となる．そして公共交通の利用を通じて，他のコミュニティとの関わりや異世代間との交流が見込まれる．

また，住民のための地域公共交通を考える際，住民の主体性をどのように引き出していくかが一つの課題となりうる．一方で「住民参加」や「住民自治」という枠組みの中で，ステークホルダーや地域のリーダーのみが声を上げるだけでは，実態が伴わない＝利用者がいないというケースを招きかねない．加えて，自家用車という最も利便性の高い交通を経験した住民に対して，公共交通利用を促すことは容易でないことが考えられる．

一方で，自家用車の代替手段として公共交通インフラを整備し，利用を促進していくことは，高齢期における地域の居場所づくりにもつながってくることが期待される．たとえば買い物や通院という基本的なニーズを充足するために，

これまで自家用車か家族の送迎であったものを公共交通にシフトした場合を想定したい．目的地への移動手段としてだけではなく，車両内での利用者同士の会話や，運転手とのコミュニケーションによって新たな「つながり」が醸成される可能性がある．これまでは自家用車や家族の送迎による移動か，あるいは自宅に引きこもりがちであった高齢者でも，公共交通利用を通じて他者との共同（協働）を行っていく機会が作り出される．それは，公共交通の車両内のみならず，その目的地である病院やスーパー，地域のコミュニティ施設も同様である．

他者と関わり合いながら生活していくことについて，黒田（1999）は高齢期の暮らしとまちづくりに関する研究で「共同・連帯のまちづくり」には葛藤や対立がつきものであるとした上で，次のような説明を行っている．

「葛藤や対立を越えて，『煩わしさ』の中で豊かな人間関係が築かれていく．（中略）『煩わしさ』をともなった主体的な共同・連帯の取り組みは，個人の自立と自己実現，家族の再生と地域社会の発展，そして豊かな社会の創造を推し進めていく」（黒田，1999: 60）としており，共同や連帯の中で生じる「煩わしさ」は生活全体の豊かさにつながる可能性を指摘している．公共交通の利用においても当然このような煩わしさが生じることが考えられるが，しかしそれも含めて「地域で暮らしていく」ということを，改めて地域住民一人一人に再認識させていくことができるものと考えられる．

以上，本節では地域公共交通利用を通じた社会的ネットワークの維持・創出可能性という観点から，考察を行ってきた．これまでの公共交通のいわゆる外部効果は，たとえば地域の医療費が削減される可能性や，地域の商店活性化に目が向けられてきた．これらについては本章では検討するに至っていないが，この外部効果に「地域住民のつながり」という新たな視座を加えようと試みたことは，これまでの交通論研究では一般的ではなかったといえる．とりわけ図3-8 で示したフレームワークについては，社会的ネットワークと公共交通利用の関連性について，改めて調査・研究を深めていく必要があると考えられる．

5．本章のまとめ

　本章では，社会福祉協議会という地域公共交通における新たなアクターの実践に着目してきた．社協は従来，社会福祉の対象となる層に対して地域社会でのモビリティ確保に寄与してきたが，玉城町と安曇野市におけるデマンド交通の取り組みは，従来の社協の取り組みと比較すると，ややその様相が異なる．

　要介護や要支援の状態になく，かつ自動車等の運転が困難な高齢者を「制度・政策の狭間にいる一般高齢者」として説明したが，こうした層の人々に対するモビリティ確保の方策として位置付けることができる．社協が運行主体となることによって，地域住民自身のライフステージに合わせたサービス提供が可能となっていることも特筆すべき点である．たとえばデマンド交通の利用を通じて，生活状態に何かしらの変化を社協職員やドライバーが察知すれば，その次にある高齢者サービスにつなげることが可能となる．

　このような点は，自治体や交通事業者による運行と比較すると独創的な点であり，高齢社会における地域公共交通の展開を考える際に，有益な実践的示唆を与えうるであろう．ただ，社協本来の役割は交通手段を提供することではないため，玉城町や安曇野市の事例を安易に一般化しようと試みることは，いうまでもなく困難である．そのためここでは，モビリティ確保の課題を抱える他地域へのインプリケーションとして政策間連携の可能性を提示しておきたい．

　玉城町「元気バス」の事例では，年間で約 2,000 万円の予算が玉城町から拠出されているが，無料で運行しているため当然，運賃収入はない．ただ，バス利用者の 1 人当たり外来医療費が平均で約 2 万 1 千円の削減が起きており，タクシーや福祉バス（元気バスの前身であるコミュニティバス）よりも優位であることがわかっている．¹³⁾さらに，筆者は 2016 年 4 月に三重県玉城町の町長にもインタビュー調査を行っているが，バス運行が後期高齢者の医療費削減につながっていることについて「外出することに意義がある」という回答が得られ，町行政も高齢者の外出支援という目的を持って，元気バスへの予算を投じていることがわかった．

　第 2 章第 1 節で行った地域公共交通の政策的視点についての整理の中で辻本

（2011）は，地域住民の社会参加を通じた医療費や介護費の負担抑制，財政負担の最適化に言及していたが，玉城町ではまさにこれらを実現している．さらに，玉城町の事例では，医療政策のみならず知的障害者の作業所通所や，小学生が学習塾に行く際にバス利用をしていることから，福祉や教育に関わる政策とも関連しているといえよう．

　社協以外のアクターに，先述のようなシームレスなサービス提供や，地域福祉と関連した地域公共交通の展開を求めることは難しい．しかしながら，たとえば地域住民のニーズの探索や，地域住民の視点に立った地域内アクターとの利害調整など，自治体や交通事業者などのアクターが参照すべき点は多いものと考えられる．

　謝辞　調査にあたりご協力いただいた三重県玉城町社会福祉協議会の皆様，事務局長の西野公啓氏，長野県安曇野市社会福祉協議会の皆様，常務理事の樋口眞氏に深く感謝申し上げたい（所属・役職等は 2014 年 8 月時点）．

注
1)　デマンド交通は，"Demand Responsive Transport"（DRT：需要応答型交通）とも呼ばれ，欧米では "DRT" の略称で知られる．一般的には，利用者の需要に応じて運行する「タクシーとバスの中間的な形態」に位置づけられ，代替的な公共交通として注目されつつある．三重県玉城町では「オンデマンドバス」と異なる呼称であるが，同義である．本章では「デマンド交通」と統一して説明を行う．
2)　国土交通省「高齢者の生活・外出特性について」『第 1 回　高齢者の移動手段の確保に関する検討会配布資料』〈http://www.mlit.go.jp/common/001176318.pdf〉（最終閲覧日　2018 年 9 月 12 日）．
3)　東京都福祉保健局（2016）「コミュニケーション」『平成 27 年度東京都福祉保健基礎調査「高齢者の生活実態」の結果』第 7 章〈http://www.fukushihoken.metro.tokyo.jp/kiban/chosa_tokei/zenbun/heisei27/27gaiyou.files/27gaiyou.pdf〉（最終閲覧日　2018 年 9 月 12 日）．
4)　内閣府（2017）「高齢化の状況」『平成 29 年版高齢社会白書』第 1 章〈http://www8.cao.go.jp/kourei/whitepaper/w-2017/zenbun/pdf/1s1s_01.pdf〉（最終閲覧日　2018 年 9 月 12 日）．
5)　同上．
6)　同上．
7)　日本老年医学会「フレイルに関する日本老年医学会からのステートメント」〈https://

jpn-geriat-soc.or.jp/info/topics/pdf/20140513_01_01.pdf〉（最終閲覧日　2018 年 11 月
6 日）.

8)　秋山哲男（2009）「ST サービス」『生活支援の地域公共交通』（秋山哲男・吉田樹編
著，猪井博登・竹内龍介介著）学芸出版社.

9)　国土交通省自動車交通局旅客課「福祉有償運送ガイドブック」〈https://www.mlit.go.
jp/jidosha/sesaku/jigyo/jikayouyushoryokaku/GB-honbun.pdf〉（最終閲覧日　2018 年
11 月 6 日）.

10)　松尾光芳・中村実男（1996）「スウェーデン」『交通と福祉──欧米諸国の経験から
──』（松尾光芳・小池郁雄・中村実男・青木真美著）87 頁，文眞堂.

11)　関満博（2015）『中山間地域の「買い物弱者」を支える移動販売・買い物代行・送迎
バス・店舗設置』新評論.

12)　国土交通省報道発表資料「第 3 回　高齢者の移動手段の確保に関する検討会の開催～
高齢者が安心して移動できる環境の整備に向けて～」〈http://www.mlit.go.jp/report/
press/sogo12_hh_000113.html〉（最終閲覧日　2018 年 11 月 6 日）.

13)　石黒慧（2015）「高齢者の医療費を考慮した自治体交通施策の評価に関する研究」修
士論文，東京大学大学院新領域創成科学研究科.

第4章
人口減少社会における次世代型地域交通に関する事例研究
—— 兵庫県丹波市と京都府京丹後市の事例から ——

　人口減少と急速な高齢化を迎えた現代の日本では，特に地方部を中心に公共交通が衰退し，高齢者等の移動困難者に対してどのように「生活の足」を確保していくか，ということが差し迫った問題となっている．人口減少によって地域住民の数が減るのみではなく，地域公共交通の文脈では事業者や運転手といった「担い手」も不足してくることが予想される．平成27年版の『交通政策白書』によると，乗合バスの運転者数は1980年代前半に10万人を下回り，2000年にはおよそ7万人であった．2010年には8万人を超えるなど，ここ数年で一時的に増加しているものの，長期的には減少傾向であるとしており，「地域の足を支える生活路線を現行の水準で維持していくことも困難となる」とされている[1]．

　本章では，兵庫県丹波市と京都府京丹後市の事例から，デマンド交通やスマートフォンアプリを用いた自家用有償運送を「次世代型地域交通」として位置付け，人口減少社会における役割について考察していく．とりわけ，既存のバス交通や鉄道といった基幹交通を補完する可能性に着目して，2つの自治体へのインタビュー調査では，これまでの取り組みと，これからの次世代型地域交通の展開の概要について尋ねている．

　今回インタビュー調査を行った丹波市と京丹後市はどちらも，人口6万人前後の自治体であるが，ここ10年間で7,000人弱も人口が減少している．また，この2自治体に限らず，地方部全体としても「公共交通空白地域」が点在している自治体も多い．この問題に対して，どのような交通形態で空白地域を埋めていくか，そして事業者や自治体，住民等の関係主体が，どの程度関与しながら運営していくかについても再考していく必要がある．

　このような状況下で，兵庫県丹波市では交通事業者と連携しながらデマンド

タクシーを運行している．運行はタクシー事業者に委託し，既存の路線バスや鉄道との「公共交通連携」を前提に，旧町域内でのデマンド交通を展開している．また，京丹後市では2006年から「上限200円バス」の運行が開始され，年間40万人近い利用者を獲得[2]していながら，近年ではタクシー事業者の撤退が相次いだことによる「タクシー空白地」が課題とされていた．

そこで京丹後市では，NPO法人「気張る！ふるさと丹後町」が運行主体となって，世界的にライドシェアを展開する米国ウーバー・テクノロジーズの配車アプリ「ウーバー」のプラットフォーム提供のもと，自家用有償運送「ささえ合い交通」の運行が2016年5月より行われている．これについては本章後半で，主に運行開始以前に行った京丹後市へのインタビュー調査から詳述する．

また本章では，人口減少と高齢化の進行している10万人以下の地方部を研究対象地域としている．丹波市と京丹後市は，先述の通り人口減少が進むほか，高齢化率もおよそ3割で，市面積もほとんど変わらない．これらに加えて，同じ2004年に6町が合併して広域の自治体となっている．このように共通点も多い2市ではあるが，それぞれ異なる交通形態で，さらには異なるアクターが地域公共交通を展開し，住民のモビリティ確保に努めてきている．

以上のことから本章では，丹波市と京丹後市それぞれへのインタビュー調査に基づいて，公共交通導入までのプロセス，関連アクター間の連携，そして人口減少社会における次世代型交通の役割について考察していく．

1．人口減少社会と次世代型地域交通

ここでは，本章の議論の前提として，人口減少社会と次世代型地域交通の現状について簡潔に整理を行っていく．特に，人口減少によって地域公共交通の担い手が減少していること，こうした文脈で住民が主体的に地域公共交通の運営・運行に関わるようになってきたことを，政策文書や先行研究から確認していく．さらに，近年のライドシェア導入に関する議論を概観することで，とりわけ京丹後市「ささえ合い交通」をめぐるウーバーの参入や新たに行われるスマートフォンアプリを用いた自家用有償運送の位置付けを整理しておきたい．

1.1. 人口減少における地域公共交通の担い手の減少

2008年をピークに減少に転じた日本の人口は、国立社会保障・人口問題研究所の推計によれば2060年には8,674万人にまで落ち込むことが見込まれている。図4-1では全国市町村における人口増減の割合を示している。減少割合については、2000年から2005年と比較すると2010年から2015年では10%増加しており、実に8割を超える自治体が人口減少の状況下に置かれていることがわかる。

また平成27年国勢調査の人口速報集計結果では、5%以上増加した市町村も2010年から2015年では全体の3%に満たず、反対に5%以上減少した市町村は48.2%とおよそ半数にのぼることが報告されている。さらには、人口5万人から10万人の規模の自治体では、平成23年度「国土交通白書」によれば、2005年から2050年までの平均人口減少率の推計が30.2%とされているほか、5万人以下の自治体では平均人口減少率が40%超とされており、中・小規模自治体での人口減少が急速に進むことが予想される。

本章で事例として扱う地域については、表4-1で記しているように、2010

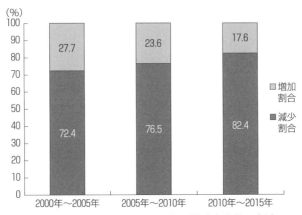

図4-1　全国市町村における人口増減自治体の割合

注：2000年～2005年は2,217市町村、2005年～2010年は1,728市町村、2010年～2015年は1,719市町村であり、東京都特別区部は1市として換算されている。

出典：総務省統計局「平成27年国勢調査　人口速報集計結果」〈https://www.stat.go.jp/data/kokusei/2015/kekka/zuhyou/jinsoku0102.xls〉（最終閲覧日2019年1月4日）より筆者作成．

表 4-1　兵庫県丹波市と京都府京丹後市の人口増減

	2010 年	2015 年	実数	増減率
兵庫県丹波市	67,757 人	64,689 人	▲3,068 人	▲4.5%
京都府京丹後市	59,038 人	55,096 人	▲3,942 人	▲6.7%

出典：総務省統計局「人口，人口増減（平成 22 年～27 年），男女別人口，人口
　　　性比，面積，人口密度，世帯数及び世帯数増減」より筆者作成.

年から 2015 年の間に丹波市では約 3 千人，京丹後市では 4 千人近い減少とな
っている．また『日本の地域別将来推計人口』によれば，2010 年を 100 とし
た場合の 2040 年の指数で，丹波市では 70.7，京丹後市では 64.8 であり，そ
れぞれ都道府県平均より大幅に下回る結果となっている[3]．このような近年の人
口動態をふまえた上で，次節では地域公共交通における人口減少問題について
述べていく．

1.2. 地域公共交通の文脈における人口減少

人口減少下の交通においては，事業者等の担い手がいなくなることに加え，
通勤・通学などの利用者も減少していくことが危惧される．特に地方部ではバ
スや鉄道，タクシーの消費需要が落ち込み，交通事業者は止むを得ず撤退，と
いう悪循環に陥っている．

たとえ地域内に交通事業者があっても，数少ない営業所や車輌台数で広域を
カバーすることは現実的に困難となっている．このような場合，住民としては
高額運賃のタクシーか，週に数日しか通らないバス，といった限られた選択肢
のもとでの生活を余儀なくされている．

先行研究では，森本（2015）は人口減少社会に対応した都市構造への転換の
ために「土地利用」が重要となることを述べている．また土地利用と交通の双
方の視点からみた統合戦略について「土地利用→交通」の一方向のみならず，
「交通→土地利用」の発想から，交通整備による将来的な土地利用を考えてい
く必要性を指摘している[4]．前章でもみてきたように，長野県安曇野市では市町
村合併の際に公共交通整備と土地利用の問題が発生し，これに対してデマンド
交通「あづみん」を展開することで，市の中心部へのアクセスを容易にしてい
る．

このほかにも，人口減少における自治体の交通政策として，木村（2015）が
「広域連携」という視点を提示した上で，自治体単独の取り組みでは限界を迎
えていることを指摘し，広域的な連携施策を通じた地域公共交通の維持に言及
している．[5] 先述の通り，数少ない営業所や車輌で広域をカバーすることは困難
である一方で，本章で扱う事例地域では旧町域内での運行（丹波市・デマンド
タクシー）や環状エリアの運行（京丹後市・上限200円バス）の取り組みで一定
の利用者数を獲得している．またこれらは自治体単独の取り組みではなく，交
通事業者との協働を軸に運行が行われており，広域的な連携施策においてはアク
ター間の協働が求められるものと考えられる．

　これらの先行研究の他にも，利用者数や採算性，運行システムや都市計画と
いった観点から，人口減少・高齢社会における交通について検討が行われてい
るものが多い．これらと比較すると本章では，これまであまり着眼されてこな
かった交通網形成プロセスにおける関係主体の動きに焦点を当てていくことで，
より実践的な示唆を導くことを目的としている．

1.3. 次世代型地域交通としてのデマンド交通と自家用車への相乗り

　人口減少が進む中では，とりわけ地方部や過疎地域において，従来の大量・
長距離輸送のニーズは少なくなってきている．2000年代にはコミュニティバ
スが既存の路線バスを代替するものとして注目が集まり，7割を超える市町村
でコミュニティバスが導入されているものの，不採算や利便性の低さが問題と
なっている．そこで，近年では小規模かつ個別のニーズに対応しやすい交通と
して，第3章でも事例研究として取り上げてきたが，デマンド交通への注目が
集まっている．

　平成27年版の『交通政策白書』によれば，2013年には311市町村であった
デマンド交通導入自治体を，2020年までに700市町村にする目標が掲げられ
ている．第1章と第3章でも確認してきたようにデマンド交通は，予約に応じ
て効率的な運行ができるものとして知られている．[6] 多くの事例で，約10人乗
りの車輌が用いられ，これまでの大型車輌では困難であった住宅街や狭小なル
ートでの運行が可能になった．

　日本で1970年代に初めて導入されてから40年以上経った現在で，再び注目

が集まっている要因として，情報通信技術の発展と需要の小規模化が挙げられる（竹内，2009b）．実際，デマンド交通導入地域ではNTT東日本や東京大学大学院のコンビニクルなどのシステムを導入している．このシステムについては，導入時に数千万単位で買い取るか，年間の運行経費からサーバー利用料を拠出するといった方策がとられている．

　一方の自家用車の相乗りに関するサービスは，一般のドライバーが自家用車で送迎し，運賃を得るサービスと定義できる．現在の日本では長距離ライドシェアのnotteco（のってこ！）のサービスがあり，これは実費を人数割で負担するため違法とはならないが，ウーバー社などが国外で行う乗り合いは違法となる．そのため，国家戦略特区による規制緩和で，例外的な措置のもとでのライドシェア導入を目的にした取り組みが，本章で取り上げる京丹後市のほかに，兵庫県養父市や秋田県仙北市で行われようとしてきた．地域住民が担い手となるライドシェアに注目が集まっているのは事実だが，既存の交通事業者との利害調整や，安全運行の確保といった基本的な議論も不可欠となる．

　また，近年では，ICTを用いた自家用車への相乗り（ライドシェア）への注目が集まりつつある．現在の日本では，自家用車による有償運送は原則禁止であるが，第1章の後半でもみてきたように国土交通大臣の許可や登録によって輸送サービスの提供が認められる「自家用有償旅客運送制度」が存在する．特に過疎地では，地域公共交通の空白地域が増大しており，これを埋める形でいくつかの地域では自家用車を用いた地域住民等による輸送が行われてきた．

1.4. ライドシェア導入に関する議論

　ライドシェアは，世界的にみれば，ウーバーのほかに「リフト」や「ブラブラカー」（主に欧州）などのスマートフォンのアプリケーションを通じて配車予約を行い，一般市民がドライバーとなって利用者にモビリティ・サービスを提供するという形態が広がりつつあるが，世界的に普及しているウーバーやリフトのライドシェアのサービス概要としては，**図4-2**のように示すことができる．

　欧米諸国ではライドシェアが一般社会に普及してきており，タクシー事業さえも凌駕しうる可能性があるため，世界の各都市でタクシー産業によるライド

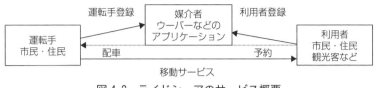

図4-2 ライドシェアのサービス概要

出典：筆者作成．

シェアへの反対運動が行われていることも近年の動向の一つとして挙げることができる．日本でも，2016年に東京等でライドシェア導入に対する反対運動が行われているが，その安全性や誰が責任を負うのかについて精緻な議論を行っていくことが求められている．ハイヤー・タクシー等の労働組合である自交総連によれば，「ライドシェアは，公共交通機関であるタクシーの規制を根本から破壊するもの」であり，利用者の安全とタクシー労働者の生活をも破壊するものであると指摘した上で，ライドシェアの合法化に強く反対している[7]．

一方で，経済団体の新経連（新経済連盟）は，ライドシェアのもたらす価値として，①消費者利便性の向上，②働き方改革，③スマートシティ，④波及的な経済効果という以上4点を示しており，ライドシェアであればドライバーにサービス向上のインセンティブが生じ，さらにはタクシーとの競争の進展や，相乗効果によるサービスレベルの飛躍な向上が期待されるとしている[8]．

こうした新経連の主張に対して太田（2017）は「幾つかの留意点はある」としつつも，安全性等の懸念が解消されれば，遊休資産の活用を通じて安価なサービスが提供されることになると述べている[9]．一方で，ライドシェアはそのサービス供給の不安定性や，ダンピング運賃（略奪的運賃）の可能性から，タクシーとの共存が不可能であることも指摘している（太田，2017）．

このような状況下で，2017年10月の政府による規制改革推進会議の中で，福岡県北九州市のタクシー会社社長によって，ライドシェアへの反対意見を述べるのみではなく，タクシー会社もライドシェアの手法を導入すべきであるという意見が表明されている[10]．第1章でもみてきたように，タクシー事業は全国的にも運転手の高齢化や人材不足が慢性的な課題となっており，岐路に立たされている．こうした中で，タクシー事業にも地域の生活ニーズに応じた創意工夫等が求められており，実際に都市部を中心に，予約・配車アプリの導入及び

活用や，ライドシェアのように相乗りを容認することが検討されている.

1.5. 近年の地域公共交通における「ニーズ」と「システム」

　ここまで述べてきたように，近年の地域公共交通は漸次的に「小規模化」し，住民の生活ニーズに対応しやすくなってきていることがわかる. 本章では詳述しないが，さらなる「スモール・モビリティ」として小型の電気自動車や，自動運転のタクシーの導入が2020年を目標に検討されつつある. これらの交通形態は，かつての「大規模・長距離輸送」に比べれば，はるかに住民の生活圏域に近づいており，その意味ではシステム（技術）が地域のニーズに応えようとしていることがわかる. 反対に，地域で需要が小規模化しているという事実を無視して交通形態を展開することは困難となってきているとも言える.

　そして，本章で取り上げるデマンド交通とスマートフォンアプリを用いた自家用有償運送の共通項として「予約システムの高度化」という点が挙げられる. したがって，IT関連企業がより積極的に参入を試みる，そして事業者はより高度なシステムを導入しようとする動きが予想される. 一方で，このような「システムありき」の議論になれば，個別ニーズへの対応や，他の交通手段との連携可能性といった点が後回しにされかねない.

　そのため，① 地域住民にどのような移動のニーズ（潜在的なものも含めた）があるか，② 既存の事業者とどのように連携（共存）できるか，という少なくとも2点をふまえた上で，これらのために必要とされる運行システムを選択していくことが求められる. 加えて，このようなニーズとシステムの議論の中で，どのアクターがニーズを把握，あるいは掘り起こしていくべきか，という点にも目を向けていく必要があるのではないだろうか.

　以上のように，人口減少や高齢化の進む現代社会においては，デマンド交通やスマートフォンアプリを用いた自家用有償運送，さらに将来的には自動運転等の次世代型地域交通の活用が期待されているが，その過程における住民の生活ニーズの把握や，既存の事業者との議論をふまえた利害調整は不可欠であるといえる. ここではやや抽象的な論点を提示するに留まったため，次節以降では兵庫県丹波市と京都府京丹後市の事例から，具体的な実践を確認しながら，次世代型地域交通の役割を考察していく.

2．兵庫県丹波市のデマンド（予約）型乗合タクシー

ここではまず，兵庫県丹波市におけるデマンド型乗合タクシー（以下「デマンドタクシー」と略称）の事例から，次世代型地域交通としてのデマンド交通の役割と，自治体主導による地域公共交通の新たな展開の方策を検討していく．特に，デマンドタクシーの導入によって既存の公共交通にどのような影響があったのかに着眼する．

2.1. 丹波市デマンドタクシーの概要

兵庫県丹波市は，2004年に6町（青垣，氷上，山南，柏原，春日，市島）が合併して誕生し，市内面積は兵庫県内では5番目に広い493.3 km²である．市内の公共交通は，JR福知山線，加古川線と路線バスがあるが，いずれも1～2時間に1本の運行で，利用者は公共交通の沿線住民のみに限られているという課題があった．

先述のような課題に対処するため，「面」と「線」でつなぐ交通ネットワークとして，公共交通空白地の解消を目的としたデマンドタクシーの導入が検討された（**表4-2**）．また，導入までの経緯としては，**表4-3**の通りである．丹波市では，デマンドタクシーの導入を検討していた時期に，近隣自治体では既に

表4-2　兵庫県丹波市とデマンドタクシーの概要

人口	64,763人
面積	493.3 km²
高齢化率	約33%
利用者数	約28,000人／年
運行台数	13台
運賃	300円

出典：丹波市ホームページ「人口・世帯数（平成30年10月末）」〈http://www.city.tamba.lg.jp/soshiki/shimin/jinnkoutoukei.html〉（最終閲覧日　2018年11月7日）及び丹波市提供資料より筆者作成．

表 4-3　丹波市デマンドタクシー導入までの経緯

2007 年 9 月	「丹波市地域公共交通会議」設置
2009 年 4 月	「丹波市地域公共交通活性化協議会」設置
5 月	高齢者 1 万人に交通需要アンケートを実施
7 月	各団体の意見聴取「交通需要把握会議」開催
2010 年 3 月	「丹波市地域公共交通総合連携計画」策定
2011 年 2 月	丹波市版デマンド交通の運行開始

出典：丹波市提供資料より筆者作成.

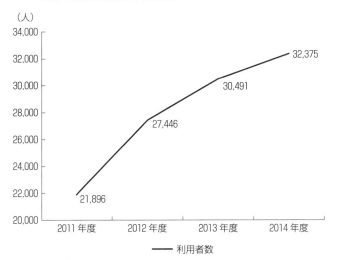

図 4-3　デマンドタクシー利用者数の推移

出典：丹波市提供資料より筆者作成.

コミュニティバスを導入していた自治体もあり，「空（から）バス」や不採算路線の問題が相次いでいたことも，効率性が期待されるデマンド方式を選択した背景にある．

　図 4-3 の通り，2013 年度に年間利用者数が 3 万人を超え，運行開始から 5 年間でのべ 14 万人以上の利用者を獲得している．運行エリアは，合併以前の旧町域（6 地域）内に限られており，予約方法は電話のみで，運賃は 1 乗車 300 円となっている．デマンドタクシーは 1 時間に 1 便の運行（各旧町域に 2 台ずつ，人口割合が最も多い氷上町のみ 3 台）で，利用者は利用の 1 週間前から 30 分前まで予約ができる．たとえば午前 10 時便の利用のためには，当日午前 9 時 30 分までの予約が必要となる．

他のデマンド交通の事例でもみられることであるが，「乗合運行」のために
目的地への到着時間が確約されていないため，丹波市は，急用の場合などはデ
マンドタクシーでなく，一般のタクシーなどの利用を推奨している．また運行
時間は午前8時から午後4時となっており，月曜日・火曜日・水曜日・金曜日
の週4日の運行である．ただし，午後1時からの1時間は運転手の休息に充て
られているため運休となるほか，祝祭日やお盆休み，年末年始は運行していな
い．

　運行主体である丹波市では，デマンドタクシーの基本方針として，次の4点
を挙げている．

　① 利用者の視点に立った交通手段，② 交通資源の適材適所，③ 持続可能な
交通体系，④ 関係者との連携，という以上4点であり，自治体は財政支援と
調整，交通事業者は運行，そして商工会はオペレーターと，各関係主体の役割
が明確に定められている．

　図4-4は丹波市の発行する公共交通ガイドより，市内の公共交通マップを示
している．デマンドタクシーを使って他の旧町域に直接アクセスすることはで
きないが，路線バスや電車に乗り継いで居住地域以外の地域に行くことができ
る．利用するためには事前の登録手続きが必要となるが，年齢やマイカーの有
無などの条件は設けておらず，全住民が利用可能となっている．

2.2. 「既存の公共交通との連携」を前提としたデマンドタクシーの運行

　先述の基本方針からもわかるように，デマンドタクシーは基本的に，既存の
公共交通（バス，鉄道）を「つなぐ」役割がある（図4-5）．特に路線バスにつ
いては，デマンドタクシーの運行開始と合わせて低床の新型車輌2台が導入さ
れており，既存のバス交通の利用促進という側面があったことがわかる．

　また新型車輌導入に加えて2011年には，路線バスの「デマンド交通と連携
したダイヤ改正」が行われた結果，柏原〜青垣間の路線では2010年度に比べ
て14.9%の増加がみられたことから，路線バスとの連携は一定程度の効果が
あったものと推測できる[11]．丹波市のデマンドタクシーは，このように既存の公
共交通を補完する役割を果たしつつ，住民の生活交通としての機能も果たして
いる．さらに民業圧迫にならないよう，ドライバーをタクシー事業者へ委託し，

第 4 章　人口減少社会における次世代型地域交通に関する事例研究　　*101*

図 4-4　丹波市の公共交通マップ
出典：丹波市公共交通ガイド「てくてくたんば」2-3 頁〈http://www.city.tamba.lg.jp/uploaded/attachment/38832.pdf〉（最終閲覧日　2018 年 11 月 7 日）（2018 年 10 月発行）．

図 4-5　デマンドタクシーの位置付け
出典：丹波市提供資料「丹波市デマンド型乗合タクシーご利用説明書」．

運行時間を午前から夕方までに限定するなどの工夫を，自治体が中心となって行ってきている．

2.3. 丹波市都市住宅課へのインタビュー調査から得られた知見

ここでは，筆者が 2016 年 2 月 17 日に行った丹波市都市住宅課へのインタビュー調査から，① 導入プロセスにおける自治体の役割，② デマンドタクシーの今後の展望について述べていく．

まず，導入までの過程では前述のように「既存の交通事業者との議論」が最も重要な課題であった．このうちの一つが「旧町域内を超えない運行」ということであり，旧町域を超えての移動は「路線バスや鉄道を利用してもらう」ということを前提としていた．またドライバーについては，市内にある 6 社のタクシー会社（青垣タクシー，柏原神姫タクシー，播丹交通，氷上観光タクシー，氷上交通，八千代タクシー）にそれぞれ委託を行うことで，中小零細の地元企業である事業者の民業圧迫にならないようにしたという．

さらに，導入に際しては当時公共交通を担当していた企画課（運行開始後は都市住宅課へ移管）の係長の「デマンド交通導入に対する思い」が強かったことも，インタビュー調査からわかっている．丹波市が参考にした事例である長野県安曇野市のほかに，岡山県総社市などへ休日返上で視察に訪れるほど「熱心に地域交通の勉強をしていた」という．また地域住民のニーズ把握については，高齢者 1 万人を対象とした交通需要アンケートの実施に加え，自治会や福祉団体各所での説明会を自治体担当者が行ってきたという．たとえば老人クラブでの出張説明会は，社会福祉協議会の実施事業と連携をとりながら，現在も自治会単位で継続的に行っているという．

次に，デマンドタクシーの今後の展望については「路線バスをいかに残していくか」という回答が得られた．もちろんバス交通の他に，2 つの JR 線やタクシー事業の活性化など，他の形態と「どのように共存していくかが課題」ということであった．また，いわゆる定時定路線は限界を迎えているのではないか，とした上で，デマンドと路線バス，デマンドと JR というように「組み合わせ」が必要となることも強調していた．

3. 京都府京丹後市における自家用有償運送「ささえ合い交通」の事例

京都府京丹後市は，2004 年に 6 町（峰山，大宮，網野，丹後，弥栄，久美浜）が合併して誕生した．丹波市と比較すると，合併年，合併町数のほかにも，面積や高齢化率も類似しているが，京丹後市では路線型のバス交通として，低額運賃の「上限 200 円バス」が 2006 年より運行されている．2006 年 10 月の運行開始以降，北近畿タンゴ鉄道（現・京都丹後鉄道）再生に向けた取り組みや，EV 乗合タクシーとデマンドバスの運行等，バス交通を中心に市民の足の確保に努めてきた．今回のスマートフォンアプリを用いた自家用有償運送「ささえ合い交通」についても，合併以降行ってきた多様なモビリティ確保の取り組みの一つといえる．

3.1. 京丹後市の概要とこれまでの公共交通施策

京丹後市の面積は 501.43 km^2 で，6 町の位置は図 4-6 を参照されたい．第

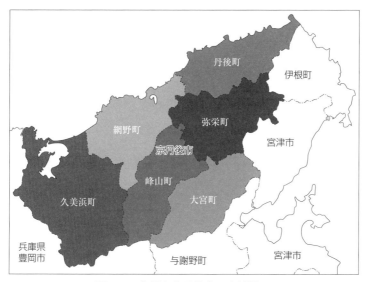

図 4-6　京都府京丹後市の全域地図
出典：京丹後市観光協会 〈http://www.kyotango.gr.jp/tourist/〉．

表 4-4　京丹後市におけるバス交通の取り組み

年月	取り組みの内容
2005 年 12 月	大規模な市民アンケート実施
2006 年 10 月	上限 200 円バスの運行開始：区間最大運賃 700 円→200 円に
2007 年 10 月	上限 200 円バスを市内全域に拡大：区間最大運賃 1,150 円→200 円に
2010 年 9 月	年間利用者が 35 万人を超える

出典：京丹後市提供資料より筆者作成.

1 節で言及したように，人口減少が進行していることに加え，急速な高齢化の煽りも受けている京丹後市であるが，「"弱み" を "強み" にかえてつなぐ『環』のちからづくり」として，「健康大長寿のまち」を掲げ，高齢先進地の魅力創造に努めている．また，「様々な分野を『環』でつなぐ社会と経済の仕組みづくり」の一つとして公共交通が位置付けられ，路線バスや鉄道を活性化することで，「ヒト・モノ・カネの交流促進」を図っている．

　この公共交通については，「"京丹後モデル" 指標（地域の成長戦略）」として，か【観光振興・環境調和・過疎振興対策】，き【京丹後移動ブランド確率，基盤インフラ整備】，く【車社会からの脱却（モビリティ・マネジメントの推進）】，け【健康長寿・健康増進の推進】，こ【高齢者福祉・子育て支援・交通安全・交流人口増推進】の 5 点を掲げている．

　京丹後市では 2005 年に公共交通に関する大規模な市民アンケートを行い，2006 年より「上限 200 円バス」の運行を開始した．運行開始以前には，「一家に 2 台のマイカー保有」や，公共交通を移動手段としている住民がわずか 2 ％のみという状況があったほか，上述の市民アンケートからはマイカーの運転技術に自信のない高齢者も漸次的に増加していることが明らかになった．

　表 4-4 では，「上限 200 円バス」導入前後の京丹後市の取り組みを示している．「公費負担を有効に」を目的に，より多くの市民に利用してもらうよう上限 200 円という「低額運賃」に設定し，これと同時期には回数券販売窓口の拡大やノンステップバスの導入などが行われた．これらの取り組みの他に民間バス会社（丹後海陸交通株式会社）と共同で，幅広い住民層を対象にモビリティ・マネジメント（利用促進等）を行ってきたことで，高齢者の生活交通としてのみでなく，通勤・通学，遠足などの多様なニーズに応え，多くの利用者を獲得

第 4 章　人口減少社会における次世代型地域交通に関する事例研究　*105*

表 4-5　京丹後市及び丹後町の総人口（市町村合併前後）

	京丹後市	うち丹後町
合併前（2004 年 3 月）	65,822 人	7,070 人
合併後（2016 年 4 月）	57,198 人（▲13.1%）	5,563 人（▲21.3%）

出典：京丹後市提供資料より筆者作成.

表 4-6　京丹後市及び丹後町の 65 歳以上人口（市町村合併前後）

	京丹後市	うち丹後町
合併前（2004 年 3 月）	17,491 人（高齢化率 26.5%）	2,158 人（高齢化率 30.5%）
合併後（2016 年 4 月）	19,624 人（高齢化率 34.2%）	2,219 人（高齢化率 40.0%）

出典：京丹後市提供資料より筆者作成.

している.

　京丹後市と「ささえ合い交通」の主な運行エリアである丹後町における全人口と 65 歳以上人口を，表 4-5 と表 4-6 に示している．2004 年の合併以降，人口減少や高齢化の進行が著しく，2017 年 3 月 31 日には市全体が過疎地域に公示されている[12]．さらに，市内最北端に位置する丹後町では人口が合併以前に比べて 20% 以上の減少，そして 2016 年には高齢化率が 40% に達している．

3.2.「ささえ合い交通」と NPO 法人の概要

　合併当初は，タクシー会社が市内に 5 社（8 営業所）あったものの，2008 年から 2013 年の間に 6 町域のうち 3 地域で相次いで撤退した．2016 年 2 月時点では市内 1 社 2 営業所（峰山町，大宮町）のみとなり，それ以外の広大な地域は事実上の「タクシー空白地」という状況にあった．とりわけ「ささえ合い交通」の運行地域である丹後町は，タクシー営業所のある峰山町，大宮町から最も遠い場所に位置しており，迎車に行くことすら困難であったことが想像できる．また，これまでの京丹後市における取り組みでは，「線の運行」として先述の上限 200 円バスを，「面の運行」としてデマンドバス，EV 乗合タクシーを導入してきたことが，表 4-7 からわかる．2016 年時点では公共交通空白地の居住人口が 2,000 人となっており，第 2 次京丹後市総合計画「基本計画」では，今後 2024 年度までに 100 人へ減少させるということを目標として掲げている．

表 4-7　京丹後市における公共交通空白地居住人口の状況

	〜2014 年 4 月 1 日	2014 年 7 月	2015 年 10 月	〜2024 年度
公共交通空白地*の人口	200 円バス	デマンド	EV タクシー	新公共交通
	5,000 人→3,700 人→2,000 人→100 人			

*自宅から最寄りの駅もしくはバス停留所まで 500 m 以上離れている地域
出典：京丹後市提供資料より筆者作成.

　こうした中で，新たな公共交通として自家用有償運送「ささえ合い交通」が位置付けられ，ウーバーによるシステム支援のもとで NPO 法人「気張る！ふるさと丹後町」によって，2016 年 5 月 26 日より運行が開始されている．2008年に設立された同 NPO 法人「気張る！ふるさと丹後町」は，「丹後町域における市民協働を進める組織」として，移動問題にとどまらず，まち歩きや「還暦式」など多様な地域活動を行ってきているが，設立当時からの差し迫った課題として，交通空白地の問題があった．そこで，2014 年より市営のデマンドバスの運行を京丹後市から受託し，空白地解消に向けた取り組みを始めた[13]．一方で，このデマンドバスは丹後町内の二つの地区を隔日で走るため，同じ丹後町とはいえども地区間の移動ができないことや，当日の予約は不可能であることなど，いくつかの制約と課題が残されていた中で，新たなアクターとしてウーバーが出現した[14]．

　ささえ合い交通の運行区域については，タクシー事業者の営業所から最も遠い丹後町域内のみが発地となり，着地については京丹後市内全域となっている．つまり，利用者は丹後町域から他の町域に行くことができるが，丹後町域に戻る際についてはささえ合い交通を利用することができないこととなっている．したがって，このような場合は路線バスやタクシーを使って，丹後町域に戻ることとなる．

3.3.　スマートフォンアプリを用いた自家用有償運送の位置付けと
　　　ウーバー社のシステム提供

　前述のこれまでの取り組みは，上限 200 円バスと EV 乗合タクシーは丹後海陸交通株式会社が運行主体となり，市は補助を行うという形態である．また，デマンドバスを含む市営バスは，市が運行主体で貸切バス事業者や NPO 法人

表 4-8 「丹後町域における ICT を活用した公共交通空白地有償運送」の概要

	合意形成を行う組織	運行主体	対象区域
公共交通空白地有償運送	地域公共交通会議（運営協議会）	NPO 法人	公共交通空白地域*

*丹後町域内を発地，着地は丹後町を含む京丹後市内となる.
出典：京丹後市提供資料（2016 年）より筆者作成.

に運行を委託している．一方で今回の自家用有償運送の取り組みについては**表 4-8** の通り「公共交通空白地有償運送」として，NPO 法人「気張る！ふるさと丹後町」が運行主体となって，サービス提供を行っている.

ここでライドシェアとタクシー事業との競合に関する論点に言及しておくと，ハイヤー・タクシー関連団体が反対，あるいは危惧しているのはライドシェア企業が主体となった事業の展開である．すなわち，ウーバーやリフトといった世界的なライドシェア企業が運行主体となれば，事故の責任や保険の問題を残したままである．ただ，京丹後市の場合，あくまで運行主体は NPO 法人であり，運行管理者が設置されているため，グローバルな文脈でのライドシェアとはやや異なる取り組みであることを注視しなければならない.

京丹後市における ICT を活用した公共交通空白地有償運送の構想では他に，ウーバー社のシステム提供という事情もあり，スマートフォン及びクレジットカード保有者でなければ利用することができないということも特徴として挙げられる．これに加えて，先述のような運行区域の制限もあることから，利用対象者が限られてしまうことが危惧される．一方で，2016 年 9 月からは「代理サポーター制度」を導入して，スマートフォンやクレジットカードを持っていなくても近隣住民に依頼して，予約や配車，代理決済ができるようになっている．加えて，同年 12 月からは車内での現金決済も可能となっていることから，NPO 法人とウーバーが，地域住民の生活ニーズに合わせながら柔軟に対応していることがわかる.

さらに，京丹後市提供資料によれば，利用対象者を「丹後町域の住民及び来訪者」としており，丹後町で生活する住民の移動困難の課題解消や，地元住民と観光客の間での交流が期待される．また，地元住民がドライバーとなることで，これまでの地域公共交通における「担い手不足」の課題解決につながる可能性もある.

ささえ合い交通の運賃については，1.5 km まで 480 円（以遠 120 円／km）
となっており，京都府下のタクシー初乗り運賃 620 円に比べると安価になって
いる．既存のタクシー事業者とは「運行区域が異なる」ことで，「往路＝丹後
町域内からの移動需要の創出」及び「復路＝丹後町域に戻る際のタクシー需要
の創出」の両側面が期待される．

3.4. 京丹後市と NPO 法人へのインタビュー調査から得られた知見

　ここでは，筆者が 2016 年 2 月に行った京都府京丹後市企画総務部企画政策
課へのインタビュー調査から，運行開始までのプロセス，「ささえ合い交通」
の今後の展望について述べていく．また，2017 年 11 月に行った NPO 法人
「気張る！ふるさと丹後町」へのインタビュー調査から明らかになった，運行
開始以後の NPO 法人とウーバーの対応等について詳述する．

　まず，2015 年の 7 月ごろから新たな公共交通の構想の計画が持ち上がって
以降，京丹後市の地域公共交通会議でも議論を行ってきたという[15]．京丹後市に
よると，地域公共交通会議での合意は得られていたということであるが，この
背景には，現存するタクシー事業者の反発が少なかったことなどが挙げられる．
既述のように，丹後町はタクシー事業者の運行区域から離れた地域であったた
め，事業者からすれば丹後町に迎えに行くだけでも少なくない労力と時間，燃
料を費やさなければならず，NPO 法人もこうした状況を理解していたものと
考えられる．

　地域住民のニーズ把握については，NPO 法人が主体となって住民説明会を
丹後町内 3 か所で行っているほか，担い手となる地元住民のドライバーを対象
とした会議が随時開催されているという．また今後の展望について京丹後市は
この取り組みが「必ず成功するとは限らない」としており，これまでの多様な
モビリティ対策の一つであると位置付けている．その上で，既存の鉄道とバス
交通を「頂点」として維持しつつ，ニーズに応じた生活交通という「裾野」を
広げていくことが重要であることを強調していた．

　NPO 法人によれば，住民ドライバーは公募していないものの，NPO 法人の
構成員の人脈を活用しながら新たにドライバーを希望し，実際に務める住民も
出てきているという．また，住民がドライバーとして活動することで，地域で

高齢者を巻き込んだ取り組み（卓球教室など）を自発的に行い始めているほか，かつて小学校の先生であった高齢女性を，担任してもらっていた教え子がドライバーとして送迎するというケースもあるという[16]．

　以上のように，京丹後市における「ささえ合い交通」の取り組みは，人口減少や高齢化という課題解決の一つとして位置付けられる一方で，NPO法人やウーバーが地域住民の利用実態に合わせて対応してきていることがわかる．それだけでなく，これまで個人化してきた地域住民の「移動」という生活上の行為を，アーリのいう自家用車の「脱私有化」を通じて共同化が図られていることも特筆すべき点である．

4．事例から導出されたインプリケーション

4.1．人口減少下での現存資源の組み合わせ

　本章で取り上げた2つの事例からは，地域社会における「現存資源の組み合わせ」という実践的なインプリケーションを導き出すことができる．これまでの地域公共交通の文脈では，コミュニティバスやデマンド交通という新たな交通の展開が行われる中で，システムや車輌にかかる膨大な諸費用を自治体等のアクターが負担する必要があった．しかし，第1章や第2章でも確認してきたように，自治体の財政状況は厳しく，新たなシステムや車輌に補助金を拠出できないということも現実的な問題として存在している．小規模な地域によっては，たとえば自治会バスや過疎地の乗合タクシーの運行において，当該地域に居住する住民にも負担が迫られる場合もある．

　一方で，兵庫県丹波市においては，地元のタクシー会社6社に運行を委託しつつ，バスと鉄道という既存の公共交通の利用促進を行っている．先にも述べた通り，丹波市のデマンドタクシーは第3章で取り上げた安曇野市を参考にしているため，類似したシステムとなっている．ここで安曇野市との差異を簡単に示しておくと，丹波市では，まず運行主体が社協ではなく自治体であり，オペレーターは商工会が担っている．また安曇野市の場合はデマンド交通が共通乗合エリアに乗り入れることで，他の運行区域にアクセスすることができたが，丹波市ではこの役割を，既存の公共交通である鉄道や路線バスが果たしている．

こうした点は，デマンド交通を自治体内全域に展開するのか，あるいは従来の公共交通と連携させるのかという選択肢を提示することにつながるといえよう．

さて，もう一方の事例である京都府京丹後市では「ささえ合い交通」の取り組みにおいて，地域住民と自家用車を活用し，交通空白地の解消及び多様なニーズに応えるために，細かな交通網を構築している．NPO法人は，こうした「ささえ合い交通」のメリットについて，① コストの抑制，② マンパワーの抑制，③ 地域力の発揮につながる，④ インバウンド対策ができる，⑤ 応用可能性という以上5点を挙げている[17]．すなわち，マイカーの活用は車輛購入費がゼロで済み，自主参加の住民ドライバーは無理のない参加で，地域の遊休資産（住民とマイカー）の活用を行い，世界的にも利用されているウーバーのアプリを使うことで，外国人観光客の移動のニーズへの対応も可能となる．

ささえ合い交通に関しては，自治体内に居住し，かつ事前登録している住民が利用対象者であった玉城町や安曇野市，丹波市とは異なり，ウーバーのアプリを保持している人であれば誰でも利用できる．この点は，これまでの地域公共交通，とりわけデマンド交通やコミュニティバスにはない独創的な点の一つであるといえよう．その一方で，スマートフォンやクレジットカードを持っていない地域住民はどうすれば良いのかという課題も，先述の通り柔軟な対応を持って解決につなげてきた点は，特筆すべき点であろう．

ここで述べてきた現存資源の組み合わせという文脈では，代理サポーター制度もその一つといえよう．すなわち，住民ドライバーとそれらの人々が保有する自家用車のみならず，クレジットカードやスマートフォンを保有する住民も人的資源として捉え，活用しているという点である．こうしたことから，ささえ合い交通を展開することで，新たな社会的ネットワークの構築や，前述の小学校の先生であった高齢女性をドライバーとして送迎するケースのような，旧来的なつながりを取り戻す契機となる可能性を含んでいるといえよう．

4.2. 次世代型地域交通の今後の展開可能性

先述の現存資源の組み合わせに加えて，今回の事例ではどちらの事例においても次世代型地域交通に，既存のバス交通と鉄道を補完する役割があることがわかった．丹波市の「公共交通連携」や，京丹後市のインタビュー調査から得

られた「頂点（基幹交通）と裾野（生活交通）」という知見は，今後の地域公共交通施策を考える上で重要な論点となるであろう．これらのことから，次世代型地域交通の役割として，今回の事例のような人口10万人に満たない自治体では，① 基幹交通の補完的な役割が，また小規模自治体では，② 域内全体をカバーする生活交通の役割が想定される．後者については，たとえば三重県玉城町は，人口1.5万人程度の自治体ではあるが，町内フルデマンドの「元気バス」の無料運行によって住民のモビリティ確保に成功していることを，第3章では確認してきた[18]．

　したがって，次世代型地域交通を一様に捉えるのではなく，地域の特性と住民のニーズに応じて交通形態を選択していく必要があり，そのプロセスにおいて関連アクターと利害調整を行っていくことが重要であることがわかる．この関連アクターについては二つの事例ともに，自治体の公共交通担当者・地元タクシー事業者・路線バス事業者の三者が挙げられる．丹波市では自治体がイニシアチブをとりながら，タクシー事業者とバス事業者の「共存」に焦点を当ててデマンド交通と路線バスの連携が図られている．一方，京丹後市ではタクシー事業者とバス事業者に「できないこと」を，地元NPOがスマートフォンアプリを用いた自家用有償運送という形態で補完し，ここに地元住民がドライバーとして参画している．

　地域住民の生活ニーズや「利用者視点」をどのように捉えていくかは，本章では詳述していないが，第3章の第4節などを参照されたい．第3章でみてきた安曇野市のケースでは，交通弱者と健常者には移動特性やニーズに根本的な違いがある，という意見が得られているが，住民のすべてのニーズに応えることは現実的に困難である．そのため，第3章では社協であったが，本章では自治体や地元住民から構成されるNPO法人というように，生活ニーズをどのアクターがいかに汲み取っていくか，ということについても議論を深める余地があるものと考えられる．こうした点では，次の第5章でみていく交通事業者が，多様化する生活ニーズにどのように対応し，地域住民といかに協働してきたのかを検討する価値があるといえよう．

4.3. 交通モード間の連携と住民参加

第4章でみてきた兵庫県丹波市と京都府京丹後市の事例であるが，両地域ともに人口減少と高齢化の煽りを受けている中で，それぞれ独自の取り組みを展開してモビリティ確保に努めている．

改めて事例の要点を述べておくと，丹波市ではデマンドタクシーを公共交通空白地に展開することで，既存の公共交通を補完する役割を果たしている．デマンドタクシー導入後に，路線バスの利用者が約15%増加したことは，公共交通連携の結果であったと評価できる．ただこうした結果だけではなく，導入プロセスにおいて既存の交通事業者との議論を行い，地元タクシー会社の民業圧迫にならないように運行委託を行い，役割分担してきた点も改めて着目されるべきである．とりわけ，単純にバスや鉄道の路線を残すことにこだわるのではなく，どのようにすれば利用者が増えるか，という視点からデマンドタクシーを運行し，既存の公共交通を補完してきた点は，他地域に実践的・政策的な示唆を与えるであろう．

京丹後市では，合併以後のおよそ10年間で，上限200円バスや京都丹後鉄道の再生，EV乗合タクシーなど，積極的な地域公共交通の展開を行ってきた．同市内の丹後町における「ささえ合い交通」も，その一環であるが，たびたび述べてきたように，ライドシェア企業のウーバーが関わっていることで，市外のタクシー事業者から偏向的に見られていることも事実である．第4章ではその文脈の違いに注視しながら論じてきたが，改めてここで整理しておきたい．

京丹後市丹後町のささえ合い交通は，あくまで自家用有償運送として，それまでタクシーなどが存在しなかった地域で運行している．ただ，ささえ合い交通導入前後に，京丹後市内の2町にタクシー事業者が参入してきたことで，ささえ合い交通は運行地域を拡大することが実質的に難しくなった．とはいえ，地域住民からすれば，それまで地域公共交通が希薄であった地域に，自家用有償運送やタクシーが新たに導入されたとなれば，移動の選択肢が増えるわけである．

こうしたタクシー事業者の動きは，ウーバーのアプリケーション導入による影響とも考えられ，ささえ合い交通の運行が開始された2016年5月以降，国土交通省もタクシー事業に関して，**表4-9**のように，様々な改革策を講じよう

表 4-9　「ささえ合い交通」導入以後のタクシー事業の改革策

年月	主な内容
2016 年 7 月	タクシー運賃の初乗り値下げ申請（東京 23 区など）
2016 年 10 月頃	タクシー利用に関わるスマートフォンアプリの導入検討
2017 年 5 月	配車アプリを通じたタクシー相乗りの導入検討
2017 年 8 月	配車アプリを通じた事前確定運賃の導入検討
2017 年 8 月	2019 年度からのタクシー「定期券」導入検討

出典：筆者作成.

としている．これらの改革策は，もちろんタクシー事業者が現在よりもサービスを改善するため，また事業をよりよくするために講じているものと理解できる．ただ，スマートフォンアプリの導入やこれを通じた相乗り，事前確定運賃の導入については，いずれも世界的なライドシェア企業が取り組んできたものである．たとえば相乗りは，米国などでみられる「ウーバープール」ですでに取り組まれており，事前確定運賃はライドシェアが世界的にも支持されてきた要因の一つでもある．

　こういった意味では，それまで低調であったタクシー事業に対して，ライドシェアが複数の側面から刺激を与えているようにも捉えられる．繰り返しにはなるが，世界的なライドシェアの展開は日本ではいわゆる「白タク行為」に該当するため，容認されるべきものではないが，アプリの導入や事前確定運賃による明朗会計など，ウーバーやリフトというライドシェア企業の良い部分を日本のタクシー事業者が模倣しようとしているのであれば，住民や利用者にとっても有益であろう．

　さて，改めて京丹後市の事例に戻ると，ウーバーを用いたささえ合い交通の取り組みに，地元の住民が主体的に参加している点を強調しておきたい．第2章では規制緩和以降の地域公共交通における住民参加の必要性とその論点をみてきたが，これまで会議やワークショップが主な参加の機会であった地域住民にとって，運転者という新たなプラットフォームが構築されたことは，非常に意義のあることといえる．もちろんこれまで，自家用有償運送という形態は存在していたため，「運転者としての参加」は今に始まったことではないが，ささえ合い交通の取り組みを通じて，改めて地域公共交通における地域住民の関

わり方が問われるべきである.

　ささえ合い交通の事例では，当初はスマートフォンやクレジットカード保有者しか利用できなかったが，代理サポーター制度や現金決済制度の導入で，高齢者をはじめ地域住民全体を包摂する取り組みへと遷移している．とりわけ代理サポーター制度では，スマートフォンやクレジットカードを保有している住民が代理者となることで，地域住民同士の関わる機会が新たに創出されていると捉えることができる．このようなやりとりが面倒だと感じる住民もいるであろうが，第3章でも引用した「『煩わしさ』の中で豊かな人間関係が築かれていく」（黒田，1999: 60）という観点からすれば，これまで失われつつあった地域住民同士のつながりを取り戻すきっかけにもなる可能性がある.

5．本章のまとめ

　以上のように本章では，兵庫県丹波市と京都府京丹後市の次世代型交通の事例から，既存の公共交通との連携・補完可能性や，今後の展開可能性について考察してきた．本章では人口減少が進行する中で，地域公共交通の担い手として，地域住民や地元交通事業者というアクターを活用していく方策を示してきたが，次章では従来のアクター・システムの組み合わせに着目し，都市部において交通事業者の取り組むコミュニティ交通を取り上げる．とりわけ，交通事業者というアクターの取り組みの変化に目を向け，地域住民とどのように協働してきたのかを検討していく.

　　謝辞　本研究にあたって，多大なご協力をいただいた，兵庫県丹波市都市住宅課・磯崎氏，京都府京丹後市企画総務部企画政策課・野木氏，小西氏，NPO法人「気張る！ふるさと丹後町」専務理事の東和彦氏に深く感謝申し上げたい（所属・役職等は2016年3月時点）.

注
1) 国土交通省編「平成27年版　交通政策白書2015」30-31頁.
2) 京丹後市の上限200円バスについては，土居・可児（2014）や森栗（2013）などで取り上げられており「低額」運賃での運行が利用者増加につながったことが評価されてい

るが，本章では同市での ICT を活用した公共交通空白地有償運送の取り組みを取り上げる．

3) 2010 年を 100 とした際の 2040 年の指数で，都道府県平均はそれぞれ兵庫県が 83.6，京都府が 84.4 となっている．

4) 森本章倫（2015）「人口減少社会と都市」『人口減少社会における地域公共交通のあり方――都市自治体の未来を見据えて――』第 1 章，公益財団法人日本都市センター，9-10 頁．

5) 木村俊介（2015）「今後の自治体の交通政策の方向性・課題」『人口減少社会における地域公共交通のあり方――都市自治体の未来を見据えて――』第 4 章，公益財団法人日本都市センター，69-70 頁．

6) 米国のパラトランジット，英国のダイアルアライドなど，国外でも同様の交通形態が 1970 年代ごろから導入されてきた（松尾他，1996）が，いずれも障害者や高齢者の移動保障という「利用者側の利便性」の視点に立ったものである．

7) 自交総連「危険な白タク　ライドシェアの合法化は許せません」〈http://www.jikosoren.jp〉（最終閲覧日　2018 年 11 月 7 日）．

8) 新経済連盟「ライドシェア実現に向けて」（PDF 形式）〈http://jane.or.jp/pdf/20161130rideshare.pdf〉（最終閲覧日　2018 年 11 月 7 日）．

9) 太田和博（2017）「ライドシェア出現による公共交通システムの変革」『IATSS Review』Vol. 42, No. 1，21-29 頁．

10) 日本経済新聞電子版「ライドシェア敵視は時代遅れ」（2017 年 11 月 15 日付）〈https://www.nikkei.com/article/DGXKZO23489390U7A111C1EA1000/〉（最終閲覧日　2017 年 12 月 6 日）．

11) 丹波市ホームページ「年度別延べ利用者状況」（PDF 形式）〈http://www.city.tamba.lg.jp/uploaded/attachment/32634.pdf〉（最終閲覧日　2017 年 11 月 7 日）．

12) 総務省「平成 29 年 3 月 31 日付けで以下の市町村が公示されました（4 月 1 日施行）．」（PDF 形式）〈http://www.soumu.go.jp/main_content/000476769.pdf〉（最終閲覧日　2018 年 11 月 7 日）．

13) NPO 法人の専務理事である東和彦氏は，タクシー会社撤退からデマンドバス運行開始の 5 年間で，高齢者が「① 亡くなる，② 病気がちになる，③ 特養ホーム等に行く」という消極的な変化があり，これに対して後悔の念を抱いていたことがわかった．

14) 髙橋愛典・野木秀康・酒井裕規（2017）「京丹後市の道路公共交通政策――上限 200 円バスからシェアリング・エコノミーへ？――」『近畿大学　商経学叢』第 63 巻第 3 号，77-99 頁．

15) このプロセスで，タクシー会社やバス会社からは，運行の安全確保を疑問視する意見もあがったという．とりわけ車両について，既存の事業者からは車検や管理をどのように行っていくのか，運行主体の NPO 法人に尋ねる声もあったが，運行主体として責任

を果たしてくという説明がなされた.

16) ここでは, 2017 年 7 月 8 日に立命館大学大阪いばらきキャンパスで行われた「第 32 回交通権学会研究大会」のシンポジウム「コミュニティ交通と交通権」で, NPO 法人「気張る！ふるさと丹後町」の専務理事である東和彦氏と筆者が同席した際に交わした議論の中で得られた知見によるところが大きい.

17) 「気張る！ふるさと丹後町」提供資料「ささえ合い交通について～持続可能な運行へ～」20 頁より抜粋.

18) 三重県玉城町のオンデマンドバス「元気バス」については, 土居・可児（2014）, 野村（2015）などを参照されたい.

第 5 章
都市部における生活ニーズに応じた
コミュニティ交通の役割
——神戸市東灘区住吉台における新交通システムの事例から——

　本章の目的は，都市部における生活ニーズに応じたコミュニティ交通と新交通システムについて，神戸市東灘区住吉台の事例からその連携条件を導き出すことである．筆者が行った神戸市東灘区住吉台における交通事業者へのインタビュー調査からは，新交通システムの展開において既存のバス交通が整備されている必要があることがわかった．第 1 章でもみてきたように，地域社会における公共交通の文脈では，2013 年の交通政策基本法成立以降，まちづくりと一体となった公共交通や，地域住民の生活ニーズをどのように把握していくかが問われてきた．しかし，既存の交通工学や交通経済学の分野では，事業の採算性や交通形態に関するアプローチが主で，生活ニーズをどのように把握するか，また住民参加をどのように促していくかを明らかにすることが困難であった．

　そこで本章では，神戸市東灘区住吉台におけるこれまでの「くるくるバス」の実践と，これからの新交通システムの取り組みから，交通事業者がどのように住民の意見を聞き入れ，それをいかに反映させてきたか，停留所設置をめぐる議論や住民組織との活動から明らかにしようと試みている．

　また本章の研究背景として，次のことが挙げられる．近年の人口減少・高齢社会では，過疎地域や中山間地域のみならず，都市部でも地理的条件等によっては，交通弱者や買い物難民の問題は起こりうるものと考えられる．本章で扱う兵庫県神戸市東灘区住吉台は，急な傾斜の坂道が続く住宅街で，生活する上で自家用車か公共交通がなくてはならない移動手段となっている．

　同地域では，2005 年 1 月より地域住民と各関係主体との協働によって「住吉台くるくるバス」の運行が開始され，1 日平均 863 人（2015 年実績）の利用者がいる．筆者が実際に同乗した際も，性別や年齢層を問わず，多様な地域住

民が利用している様子を目にすることができた．このような住吉台くるくるバスの取り組みについては森栗（2013），土居（2006）など多くの先行研究で取り上げられてきており，住民主体で作り上げたコミュニティ交通として知られている．

　森栗（2013）は，住吉台くるくるバス運行に関する議論を行ってきた「東灘交通市民会議」の座長という実践的な見地から，バス運行開始までのプロセスについて詳細な記述を行っている．また土居（2006）は，住吉台くるくるバスを「行政主体でなく住民主体のコミュニティバス」と位置づけ，新聞談話などから運行開始に至るアウトラインを紹介している．これらの先行研究では，運行開始までのプロセスで「住民側がどのような取り組みを行ってきたか」に焦点が当てられてきたが，交通事業者が地域住民とどのように関係性を維持，あるいは新たに構築してきたかについては詳細な検討が行われていない．

　一方で，筆者が行ってきたインタビュー調査では，運行開始以後の交通事業者の取り組みについて尋ねることができた．このことから本章は，先述の森栗（2013），土居（2006）などの研究に，⑴運行開始以後の交通事業者の取り組み，及び⑵新交通システムとの連携条件の析出という2つの知見を付け加えるものと考えられる．

　⑴については，運行主体の「みなと観光バス株式会社」へのインタビュー調査から，交通事業者が定期券販売や交通会議を通じて住民の声を聞き入れながら，住民との関係を構築してきたことが明らかにしている．⑵については，住吉台くるくるバスと並行して新交通システム"COSMOS"の実証運行が2016年3月に行われることを取り上げる．これについては，筆者の行ったインタビュー調査から「基幹交通と新交通システムの連携」を行っていくことで，地域住民のより細かな生活ニーズに応じられる可能性があることがわかっている．

　本章前半ではまず，わが国の都市部におけるコミュニティ交通の変遷について述べた上で，住吉台くるくるバスのこれまでの取り組みにおける交通事業者と住民の関わり合いを紹介していく．本章後半では，地域社会において新交通システムがどのような役割を果たしうるかについて検討した上で，アクター間での利害調整や基幹交通との連携可能性を提示していく．

　またこれらをふまえて，商業施設や医療施設などの生活ニーズを創出する

「地域の居場所」と，これらの拠点をつなぐコミュニティ交通との連関について整理を行っていく．これによって，買い物難民問題や交通弱者という現代的課題に対して，商業・医療・交通などの複眼的な視野からアプローチを行うことにつながるものと考えられる．

1．都市部におけるコミュニティ交通の役割

1.1．モータリゼーション以降の都市交通

　ここでは，まず日本における都市交通とコミュニティ交通について整理を行い，都市内での交通空白地対策として，コミュニティ交通がどのような役割を果たしてきたかについて述べていく．

　1960年代頃からモータリゼーションの潮流が生じた日本では，それまで都市交通の中心であった路面電車や一般乗合バスが「自動車を阻害するもの」として考えられるようになった．鈴木（2013）は，バス事業衰退の要因を自動車増加による交通渋滞の発生とした上で，これがバスの定時運行を困難にさせ，バス事業の信頼性を低下させることになったとしている．一方で，都市部では積極的にモビリティ・マネジメント（MM）による公共交通の利用促進等が行われてきており，地方部と比較すれば都市部の公共交通は必ずしも衰退しているとは言えない．このモビリティ・マネジメントについては，たとえば京都市では「歩くまち・京都」として，交通まちづくりの観点から，自動車からバス・電車への「モーダル・シフト（移動手段の転換）」が推進されてきている（藤井他，2015）．

　通勤や通学など，いわゆる現役世代の需要も非常に多い都市部では，運賃収入で経営を行う従来の独立採算制でも十分に成り立ってきた．また，富山市などの地方都市を中心にLRT（Light Rail Transit；新型路面電車）が運行され，近年ではBRT（Bus Rapid Transit；バス高速輸送システム）が新潟市などでも導入されており，こうした新たな大規模輸送システムが潮流となってきている．ただし，これらの新交通システムについては，大規模の予算が必要とされるため，市民による反対運動が起きている事例も見られる．

1. 2. 規制緩和以降のコミュニティ交通

　乗合バス事業においては，2002年2月の道路運送法改正によって需給調整規制が緩和され，事業からの退出が容易になり，路線減少・廃止とこれを代替する「自治体バス」の事例が増加したとされている（谷内他，2010）．都市部の中でも，本章で取り上げる神戸市東灘区住吉台のような郊外住宅地や，市町村合併によって吸収された単位の地域については，住民の居住地や移動の需要が点在しており，前項で述べてきた大規模輸送の都市交通の文脈で語ることが困難となってきている．

　たとえば京都市伏見区醍醐地区は，住吉台と同じ郊外住宅地であるが，1997年に京都市営地下鉄東西線の開通によって，醍醐地区を運行していた市営バス（地下鉄東西線開通後は京阪バスが運行していた）が廃止された．実質的に，都市内交通空白地となってしまった同地域であるが，2004年には市民団体である「醍醐コミュニティバス市民の会」によって，廃止路線バスの代替手段として，住民が「市民共同運営」として，自主的にコミュニティバスを運行している（土居，2010）．この点については，後述する神戸市東灘区住吉台の事例と同様に「住民主体型交通」として分類することができるが，この背景には先述の規制緩和の影響がある．需要が少なく採算性の見込めない都市内交通空白地については，交通事業者の参入は消極的であったものと考えられる．

　このように，都市交通の文脈ではモータリゼーション以降，一定の課題がありつつもモビリティ・マネジメント等で解決法を模索してきた．そして規制緩和以降，都市部でも需要が点在する郊外住宅地を中心に「都市内交通空白地」の課題があり，これを解決するために住民参加型のコミュニティ交通が大きな役割を果たしてきたことがわかる．本章では，この具体事例として，神戸市東灘区住吉台の事例を取り上げて詳述していく．

2．神戸市東灘区住吉台とくるくるバスの概要

2. 1. 研究の方法

　本章は，2016年2月26日にみなと観光バス株式会社（代表取締役社長・松本浩之氏）の業務開発・運行管理担当で同社顧問（当時）の中川善博氏を対象に

行ったインタビュー調査と提供資料に基づいている．調査は，中川氏への半構造化インタビュー調査として，神戸市東灘区住吉台のマンション「エクセル住吉台集会所」にて行った．住吉台くるくるバスの事例については，森栗茂一氏の「住吉台くるくるバス」(『コミュニティ交通のつくりかた』第1章，学芸出版社，2013年) において，バス導入経緯の詳細や森栗氏が交通市民会議の座長として各利害関係者と調整を図ってきたことが記されている．

　しかしながら，これまでの研究では交通事業者の視点に立った詳細な検討が行われておらず，運行開始以後の取り組みについてもキャッチアップされていなかった．そこで本章では，交通事業者視点からみた「運行開始までのプロセス」と，「運行開始以後の地域住民との関わり合い」について尋ねることで，先行研究に補足的な知見を付け加えることを目的としている．

　また，調査対象者をみなと観光バス株式会社顧問の中川氏に依頼した理由は，(1)住吉台くるくるバスの運行開始までのプロセスを交通事業者視点から把握している，(2)運行開始から約10年間，住吉台の集会所にて定期券販売を行い，地元住民と強い関わり合いを持っている，という2点である．なお，インタビュー調査の結果は中川氏から論文掲載の同意を得た上で，中川氏に内容を確認していただきながら，みなと観光バス株式会社及び各関係主体が不利益を被ることがないよう，プライバシーの配慮等を最大限に行って執筆した．

2.2. 神戸市東灘区住吉台の概要

　昭和40年代に開発された住宅地である住吉台は，神戸市東灘区の北西に位置しており，JR西日本・神戸新交通の住吉駅から車で10分ほどのアクセスとなっている．住吉駅周辺には商業・医療施設があるものの，先述の通り急な坂道が多く，住吉台に登る「300段階段」も交通弱者の大きな障壁となりうる．

　「東灘交通市民会議『住吉台くるくるバス』開通特別号」(2005年1月23日発行) によれば，運行開始当初は，人口約4,000人，高齢化率約20%であったが，現在では表5-1の通り人口減少と高齢化が進んでいる．住吉台の中には県営住宅や賃貸マンションのみならず，一戸建て住宅なども存在するが，商店は1件 (ミニコープ) のみで，飲食店も実質的に1件しかない．

表 5-1　神戸市東灘区住吉台と
くるくるバスの概要

人口	3,511 人*
世帯数	1,623 世帯*
高齢化率	33.4%
利用者数	314,947 人／年
運行台数	3 台
運賃	210 円**

*2010 年時の数値. **小人運賃は 110
円である.

2.3.　住吉台くるくるバスの実証運行

　東灘交通市民会議（座長：森栗茂一氏［大阪外国語大学〈現・大阪大学外国語学部〉教授］），NPO 法人 CS 神戸，実験運行委託先のみなと観光バス株式会社が中心となって，2004 年 2 月 21 日よりバス走行の実証実験が開始された．当初は，住吉台だけでなく隣接する渦森台も含め，無料期間と有料期間をそれぞれ設けて実証実験を行った．

　隣接する渦森台ではすでに市営バスが通っており，無料期間は利用者がいたが，有料期間に入ると減少した．これについては市営バスとの差異がなくなったものと考えられる．一方の住吉台では，有料期間になっても一定数の利用者がいたことから，同地域でのバスの必要性が明らかになった．これをもとに，運行開始までに計 4 回の「東灘交通市民会議」が行われ，地域住民や警察，神戸市など各関係主体との調整が図られてきた．

　「バス停留所設置をめぐる議論」はその一つであり，地元住民と交通事業者が，バス停予定地の近隣住民と交渉を行ってきた．今回インタビューを行ったみなと観光バスの中川氏によれば，バス停設置をめぐっては「総論賛成・各論反対」の住民が多かったという．つまり，バスそのものが走るのは良いものの，実際に停留所を家の前に設置されるのは困る，というものである．反対理由は煙草等のゴミ，騒音，防犯上の問題などであり，これはくるくるバスに限らず，みなと観光バスの他路線でも同じような議論になるという．合意形成の中で停留所設置を諦めた箇所もあったが，2004 年 9 月にはバス停，ルート，ダイヤ確認が行われ，その後実際のダイヤ編成など具体的な作業に入っていくこととなった．

2.4. 住吉台くるくるバスの開通

　実証運行と交通市民会議を経て，2005年1月23日に「住吉台くるくるバス」が開通した．

　運行後に発行された「くるくるバス通信第1号」によれば，2005年1月の運行開始後，1日平均700名ほどの利用者がおり，前述の「300段階段」を登らなくても「くるくるバスで自宅まで帰ることができる」という旨も記されている．その他にも，午前も午後も出かけることができる「ダブルお出かけ」も可能となった，と紹介されていることから，くるくるバスの開通以前と以後で，住吉台の住民の生活における利便性が大きく変わったことが推測できる．

　これらに加えて「くるくるバス通信」では，バスの中でも会話が弾んでいる，運転手にお菓子を差し入れする乗客もいる，そして付き合いのなかった近隣住民との間にコミュニケーションが生まれている，といったくるくるバスの「相乗効果」が現れていることを紹介している．運行開始当初は路上での違法駐車も多く，くるくるバスが通行する際に立ち往生してしまうなど，大きな問題となっていた．違法駐車については，中川氏によれば道路上に駐車していることが「当たり前」となってしまっていたという．この問題に対しては住民等で組織する「くるくるバスを守る会」が，その活動の一環として，違法駐車実態調査と駐車パトロールを行ってきた．

　守る会の活動報告書によれば，2005年10月の駐車パトロール実施時には普通車93台，単車103台，計196台の違法駐車があったことが記録されている．

写真5-1　住吉台くるくるバス
出典：筆者撮影，2016年2月．

パトロールは週に一度で，延べ人数で 10〜20 名ほどの参加者があり，違法駐車を行っている車輌には張り紙などで注意喚起を行った．中川氏は，「住民が住民に対してお願いをするということは簡単なことではなかった」とした上で，地道な活動の結果，違法駐車もほとんどなくなり，住民の意識改革・モラル向上につながったものと考えられる．

2.5. 定期券販売を通じて「住民の声を聞く」

先に述べたように，くるくるバス運行開始当初から住民と事業者が協働して取り組みを行ってきたが，運行開始以来 11 年経つ 2016 年時点でも，年 3 回の会合が継続して行われている．

このほかにも，今回行った中川氏へのインタビュー調査では，住吉台にあるマンション，県営住宅等で行っている定期券販売に同行することができた．今回は月最終日から数えて 4 日前であったため，くるくるバスの終点に位置するエクセル住吉台集会所での定期券販売であったが，最終日から数えて 2・3 日前は住吉台県営住宅集会所，月最終日は住吉台東住宅集会所で，それぞれ定期券販売が行われている．

このような住宅地での販売は月末 4 日間のみに限られているが，JR 住吉駅南の「ディスカウントプラザ住吉店」では，平日 9 時〜18 時まで，土日祝日は 9 時から 18 時半まで購入することができる．つまり実際は，定期券が必要

写真 5-2　定期券販売所の様子
出典：筆者撮影，2016 年 2 月．

な住民は住吉駅近くで購入することができるため，必ずしも交通事業者として住宅地に足を運んで定期券販売を行う必要があるとは言えない．しかしながら，中川氏へのインタビュー調査と実際の定期券販売の様子からは，交通事業者が住民のもとへ出向いて，住民の声に傾聴する「意義」を伺うことができた．

　住宅地での販売は，かつては月3回であったものが現在では前述の通り月4回となっている．中川氏によれば，定期券販売を始めた当初は「（文字通り）販売することが目的」であったが，いつの間にか「住民の声を聞くことが主な目的」になってきたという．ただしこれについては，定期券販売を始めた当初から住民とのコミュニケーションを図ることができた，というものではない．中川氏が地道に住吉台の住民のもとに足を運んで，一事業者としてくるくるバス運行に関する意見やクレームに傾聴していく中で，住民との関係性が築かれてきたことを推察できる．

　今回同行することのできた定期券販売の際にも，中川氏が購入者である住民一人一人に対して，非常に丁寧に応対する様子がみられた．購入者層は学生や主婦，高齢者など，老若男女を問わず定期券や回数券を購入していた．時には運行に関するクレームを受けることもあるというが，中川氏は住民が事業者に対して意見を伝える窓口があることの意義を強調している．このほかにもインターネットや電話でも意見やクレームを受けることもあるというが，住民と事業者が対面して信頼関係を築いていくうちに，住民側も改善点などの要求がしやすくなったものと推測できる．

　中川氏は住民との関係性について「一朝一夕にできたものではない」とした上で，地域住民とのやりとり・地道なプロセスを経て信頼関係を作り上げてきたという．また，定期券販売のほとんどは中川氏が担当していることもあり，住民側と事業者側で「フェイス・トゥ・フェイス」の関係性が構築されてきていることも重要な点である．

　この取り組みを始めた当初，小学3〜4年生だったグループが集会所で頻繁に中川氏のもとを訪れていたというエピソードがある．10年ほど経ち，20歳前後の若者となった現在でも「（住吉台で）会ったら声をかけてくれる」という．

2. 6. 交通事業者としての姿勢

　住吉台くるくるバスは，みなと観光バス株式会社が携わる路線バスとして，3路線目の試みであった．この取り組み以後，摩耶地域を走る「坂バス」，「森北町どんぐりバス」など，住吉台同様に住宅地を走る生活交通に参入してきた[3)]．この経過について中川氏に詳細を伺うと，住吉台での一定の成果があったからこそ，生活交通への積極的な取り組みが可能になったとしている．加えて中川氏は，みなと観光バス株式会社と同社の松本浩之社長が，交通事業者として「攻め」の姿勢を崩さなかったことにも言及している．

　住吉台くるくるバスの運行については，みなと観光バス株式会社が現在本社を置く六甲アイランドに移転したのちに，話が持ち上がったという．中川氏によれば，NPO法人のCS神戸と，住吉台の住民5～6名ほどがバス運行の提案で本社を訪れた際は「切実な表情」という印象を受けたという．中川氏の推測では，「おそらく（他の交通事業者）何社か回られてから，うちに来たのではないか」としており，規制緩和以後，民間事業者の生活交通への参入が容易ではなかったことがわかる．

　当時は一定のリスクも覚悟してのことだったと考えられるが，中川氏の「社長と会社には『何とかしてあげたい』という気持ちがあった」という言葉からも，事業者として住民の生活の足を確保したい「思い」があったものと考えられる．これらに加えて中川氏は，物理的条件がうまく適合したことも成功要因の一つとしている．急坂の上にある住宅地だが，3,000人を超える住民が生活しており，住吉駅まで車で約10分，という恵まれた条件下であったため「みなと観光でなくとも成功したのではないか」としている．しかし，運行開始から10年以上経過しても「いまだに定期券販売の際に『ありがとう』と言われる」（中川氏談）という点から，地域の事業者として非常に親しまれていることがわかる．

3．新交通システム "COSMOS" の取り組み

3. 1. 新交通システム導入の背景と概要

前節までは，住吉台くるくるバスの11年間の取り組みを紹介してきたが，

表 5-2　COSMOS での実証実験の内容

1.	電動ゴルフカートでの近距離送迎
2.	電気自動車のシェアリング
3.	タクシーの乗り合わせ
4.	運転できない方の送迎
5.	スマホ，タブレットでの予約

出典：みなと観光バス株式会社　中川氏提供
資料をもとに筆者作成.

ここでは 2016 年 3 月から実証運行が開始される新交通システム "COSMOS" を取り上げる．その上で，比較的利便性の高いバス交通がある住吉台地域において「なぜ新交通システムが求められているのか」，これまでの経過から考察していく．

新交通システム COSMOS（以下『COSMOS』と略称する）は，Community Oriented Stand-by MObility System =「コミュニティ志向型の交通システム[4]」をコンセプトに掲げ，株式会社日本総合研究所が 2013 年から検討を重ねてきたものである．今回の取り組みでは，住吉台くるくるバスの運行主体であるみなと観光バス株式会社と，COSMOS の検討を重ねてきた株式会社日本総合研究所が連携して，既存の交通網を補完することを目的としている．2016 年 3 月 1 日〜3 月 25 日の実証期間で実施する内容としては，**表 5-2** の通りである．

ゴルフカートについては住宅地内移動の「近距離送迎」を前提に，商品と消費者の「ラストワンマイル」を埋めることが主な目的とされている．電気自動車についてはカーシェアとライドシェアという「シェアリング」が掲げられ，これらの利用に際して ICT を活用していくという試みである．

COSMOS についても，みなと観光バス株式会社の中川氏から話を伺うことができたが，これまでに 2 度の実証実験を行っており，2016 年 3 月から行う今回は 3 度目になるという．これまでの 2 度はモニター数が 20 名ほどであったため，十分なサンプリングとは言えなかったが，一定の成果が得られたため，今回の実証実験ではモニター数 350 名を目標にし，本格的な運行開始に向けた取り組みとして位置付けている．2016 年 2 月時点ではモニター数が 110 名ほどで，うち 8 割ほどが 60 歳代以上で構成されているため，学生などの若年層

写真 5-3　住吉台の急坂を登るゴルフカート
出典:「住吉台ミニコープ」〈https://www.youtube.com/watch?v=LvHYU2XTb-M&feature=youtu.be〉(最終閲覧日　2018 年 11 月 7 日)からゴルフカートが走行する様子を閲覧することができる.

の確保が課題とされている．もちろん，高齢者の移動を確保するという意義はあるものの，先に述べたカーシェアやライドシェアという文脈では，ドライバーとして一定数の若年者を確保していく必要がある．

3.2. 新交通システムにおける IT 端末の活用

　COSMOS の利用には，パソコンやスマートフォンなどの IT 端末が必要となる．「ゴルフカートや電気自動車の予約やタクシーの乗合などの調整を，インターネット上の専用画面で行う」ことを想定しており，共有している車輌やバス，タクシーがどこにいるかを見られるようにすることで，行きたいときに行きたい場所へ行くことができる交通システムの構築を目指している．

　この取り組みでは，IT 端末を持たない住民に対してはタブレットを無償で貸与するという試みも行われる．2016 年 2 月時点ではモニターの約半数に当たる 60 名ほどにタブレットが貸与されており，利用方法がわからないときのための窓口も設置されている．もちろんすべての行程で IT 端末に依拠するということではなく，車輌移動の指示や運行依頼，乗合管理，ユーザー管理などのオペレーションは人の手で行われる．

　このように情報通信と交通の両側面から住民生活にアプローチを行っていくことで，高齢者等の交通弱者の移動支援のみならず，若い世代が住みたくなる地域づくりも視野に入れている．地域内の行事や様々な情報を，IT 端末利用

を通じて共有し，世代間の交流の活発化や，住吉台の中にある公営住宅や分譲マンションなど多種多様な住宅地で生活する住民のつながりを新たに醸成していくことが期待されている．このためにも，COSMOS の利用に際して SNS や，民間事業者のマッチング・アプリケーションの活用が実証実験の中で行われることになっている．

　一方で，前述したようにモニター登録者は高齢者層も多く（かつ実際の利用者層にも反映することが予想される），IT 端末を使いこなすことができるのかという課題も残る．またシステムを提供する企業側も，ユーザーの利用履歴などについては，顧客の個人情報ということもあり，その取り扱いに難色を示している企業もあるという．

3.3. 新交通システムと持続可能なまちづくり

　COSMOS の目指す新交通システムのあり方としては，既存の「住吉台くるくるバス」を補完する利便性の高い交通手段を構築していくことであり，これをみなと観光バス株式会社と株式会社日本総合研究所は，「毛細血管のような交通網」と表現している．つまり，バス停から自宅までの道のりや，バスの走っていないルートでの移動を支援することによって，地域に交通網を張り巡らせていく，ということを意味する．

　「くるくるバス通信」の第 44 号（2014 年 5 月発行）と第 45 号（同年 9 月発行）では，新たな移動サービスの提案として「超小型モビリティ」が紹介され，スマートフォンなどによる通信と交通の組み合わせについて言及している．また同通信の第 49 号（2016 年 1 月発行）では，COSMOS の実証実験が大きく取り上げられている．この中では，高齢者が関与する交通事故の減少や，交通事業者のドライバー不足といった現在の課題に対応する点を重視した上で，実証実験への参加を促す旨が記されている．

　このように，COSMOS の取り組みは住吉台くるくるバスと連携して行っていくことが前提となり，運行主体であるみなと観光バス株式会社としても「くるくるバスを継続させていく」ことに主眼を置いている．さらには，地元の「生活協同組合コープこうべ」が COSMOS の取り組みを支援しており，先述のゴルフカートや電気自動車（レンタカー）の発着する「場所」を提供してい

る．住吉台には商店が実質的にミニコープの1店舗のみであるが，この駐車場を活用しつつ，家具などを販売するコープリビング甲南でも同じように駐車スペースを確保している．これらに加えて，COSMOSのオペレーターをコープこうべ内に置くなど，全面的なバックアップを行っている．

実証実験の中では，このようにカーシェアやライドシェアを行う車輌の「乗り捨て」を行うことができるよう，ミニコープやコープリビングといった民間企業だけでなく住民も含めて，「駐車スペースの共有」という試みも行われている．これについて，住吉台くるくるバスの停留所設置をめぐる議論と「同じ事態が起きてしまうのではないか」と尋ねたところ，中川氏は「住民の利便性が高まるという側面の方が大きく，空き家の活用などにもつながる」としており，くるくるバスと同様にCOSMOSについても住民参画が重要なポイントとなることが予想される．

4．地域社会における新交通システムの役割

4.1．既存の交通事業者との利害調整

神戸市東灘区住吉台の事例から，新交通システムをめぐる論点として，ここではまず各関係主体の利害調整に着目していく．ライドシェアやカーシェアなど，新交通システムを取り巻く状況としては，タクシー事業者組合によって反対署名や意見書が提出されるなど，大きな議論の的となっていた．

今回取り上げたCOSMOSについても，やはりタクシー事業者との調整が課題となっていたという．ただ，第4章でも整理してきたが，既存の事業者を保護するという一側面のみの視点からライドシェアなどへの批判を行うことはあまり説得的ではないように思われる．また，これらをめぐる論点の1つに，「誰のための交通か」という点があげられる．バスやタクシーといった交通サービスは，もちろん交通事業者という「提供者」がいて成立するものである一方で，「利用者」がいなくては交通事業を持続させていくことができないことも事実である．これまでは，とりわけ公共交通という文脈において，乗客のいない状態で走行する「空（から）バス」の状況下でも，赤字補填や行政負担で事業が成立してきた部分もあるが，近年の公共交通をめぐっては利用者視点な

しに語ることが困難な状況に変化してきているのではないだろうか.

　当然のことながら，公共交通では「安全運行の確保」が大前提となるため，ライドシェア等の規制緩和に伴う法制度の整備やドライバーの安全運転については熟慮しなければならない．この前提をふまえた上で，今回扱った住吉台の事例のように住民参加を促しながら，既存の交通事業者との連携や協働を含めた新交通システムのあり方を考えていく必要がある．これらのことから，次節では既存の交通と新交通システムの連携について考察する．特に，基幹交通との組み合わせという観点から，新交通システム導入検討自治体への実践的な示唆を導きたい.

4.2. 既存のバス交通と新交通システムの連携

　前章で言及してきた京丹後市と，本章で取り上げてきた住吉台の事例からは，新交通システム導入以前に「既存のバス交通が整備されている」という基礎的な条件を導き出すことができる.

　京丹後市については，第4章で述べてきたように，「上限200円バス」の運行が2006年から開始され，人口6万人弱で広大な面積にもかかわらず，年間40万人近い利用者数を得ている．また住吉台については，本章前半から紹介してきたように「住吉台くるくるバス」が住民と事業者の協働のもとで作り上げられてきた．これらのことから，新たな交通システムが京丹後市や住吉台に参入してくる背景には，既存の基幹交通が整っていたということが考えられる．あくまで新交通システムには，基幹交通を補完していく役割が想定されており，既存の事業者を淘汰するという目的はあまり見受けられない.

　また，路線バスやコミュニティバスにはこれまで「（自宅等から）バス停までの距離をどう埋めていくか」という課題があった．これについては先にも言及した「ラストワンマイル」の議論と共通する点も多いが，筆者の行ってきたコミュニティバスの調査でも，最寄りの停留所まで自転車で10分ほどの時間をかけてやって来る高齢者がいるなど，バス停までの距離が高齢者等の人々の移動に際して障壁となっている可能性も大いに考えられる．そのような意味では，既存の交通事業を維持・発展させていく目的として新交通システムにかかる期待は大きいと言える.

132

　今回の事例のような基幹交通が整備されている地域でも，停留所や駅までの距離が（たとえ数百メートルでも）外出の心理的な阻害要因となりうることや，タクシー事業者の営業所が地域にあるため地理的に「交通空白地でない」ものの，経済的な理由で日常的に利用することができない住民も多くいる．このように，住民のモビリティについては複数の次元から捉えていく必要があるが，この点は稿を改めて述べたい．

4.3.　住民参加による「交通と地域づくり」

　ここまで述べてきた新交通システム "COSMOS" の取り組みであるが，2016 年 3 月 7 日に，システム上の不備によって一時的に実証運行が中断されることとなった．中川氏によれば，システムが稼働しなくなったことによるもので，時期未定の中断となったという．

　検証を行った結果，ソフトとハードのマッチングに問題があり，とりわけGPS の受信に際して不具合が生じたものと考えられる．中断以後は，手動でのゴルフカート運行のデモンストレーションや，みなと観光バス株式会社のバスロケーションシステムを代替的に活用するなどが行われたが，実証運行そのものは先述の通り 2016 年 3 月 7 日をもって中断されることとなった．

　しかしながら，次の 2 つの観点から，"COSMOS" の取り組みは評価されうるものと考えられる．第 1 に，住民参加促進のための仕組みづくり，第 2 に，交通事業者だけではない多様なアクターの関与，という 2 点である．

　1 点目の住民参加促進のための仕組みづくりについては，これまでのくるくるバスの取り組みを基盤に，車輌や駐車場所の共有を住民に促しており，事業者と住民，その他のアクターの協働による地域づくりが期待される．実証実験中断中も，住民を対象にしたタブレット使用に関する講習会を頻繁に開催しており，実証実験再開後の COSMOS の利用に役立てようとしている．中川氏によれば，実証実験が中断された 2016 年 3 月 7 日以降も，3 月 11 日・17 日・23 日と定期的にタブレット講習会が行われており，先に述べた高齢者の IT 端末利用に関する課題を解決しようと試みている．同時にみなと観光バスや日本総研が，このような取り組みを通じて地域住民と関わり合いを保ちながら，住民参加を促していることがわかる．

第5章　都市部における生活ニーズに応じたコミュニティ交通の役割　　*133*

　2点目の複数のアクターの関与については，生活協同組合コープこうべが新交通システムの取り組みを支援している点を指摘したい．これまでのコミュニティ交通をめぐる議論では，自治体や住民，交通事業者の少なくとも三者の関わり合いが主題とされてきた．しかしながら，何らかの外出機会がなければ当然，移動手段は必要とされない．このことからコミュニティ交通の文脈では，交通事業者のみが関与するのではなく，地域の商店や病院も利害関係者となりうるであろう．したがって，生活協同組合のような地域の「場所」は今後のコミュニティ交通再生に向けた重要なポイントとなることがわかる．また，生活協同組合の高齢者支援についてはコープさっぽろによる北海道全域での買い物難民対策を基盤とした見守り活動が行われている．

　コープさっぽろについては，関（2015）が詳細な調査から事例を紹介しており，移動販売「おまかせ便カケル」の取り組みに言及している．これは，コープさっぽろの店舗運営を中心に，宅配や移動販売を使い分けながら，人口減少と過疎化の影響を大きく受ける北海道全体の課題解決につなげていくというものである．また，この取り組みの基本的な考え方として，利用者との信頼関係を構築することや「現物をみて」買い物を楽しむ，そして担当者との対話を楽しむことがあげられている（関，2015）．この点は，高齢者のニーズが単なる買い物だけでないことを含意しており，今後の買い物難民対策に積極的な示唆をもたらすものと考えられる．

　これらを踏まえて，改めて本章で取り上げてきた神戸市東灘区住吉台の事例に戻ると，住吉台で唯一の商店であるミニコープ（及びコープこうべ）が新交通システムの取り組みを支援している意義は大きい．先のコープさっぽろの買い物難民対策同様に，住吉台においても非営利の協同組合事業を担う生協が「地域の拠点」として，高齢者の消費生活を包括的に支援していることがわかる．

　また，この点は生協本来の役割として理解することができる．加えて，戦前の神戸で生協（当時は「神戸購買組合」）を創設した賀川豊彦の中心思想である「利益共楽」という理念に通じているともいえよう．この理念は「生活を向上させる利益を分かち合い，ともに豊かになろう」という理念を掲げ，[5]「消費者のくらしを守る」あるいは「地域に根付いた生協活動」という役割を果たすこ

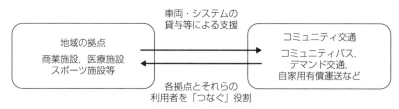

図 5-1　地域の拠点とコミュニティ交通の相互作用

とを目指している．とりわけ高齢化の進展する地域社会において，今回の事例は，生協が現代的で新たな課題に挑戦している姿ともいえる．

このような生活協同組合の取り組みのほかにも，福岡県北九州市の枝光本町商店街では，地元タクシー会社が乗合ジャンボタクシーを運行しており，地域の拠点と交通事業者の連携という意味で，非常に興味深い取り組みといえる．これらのことから地域社会では，買い物や通院，その他の余暇といった生活ニーズを創出するための「居場所」が求められ，そしてそれらの拠点をつなぐ「交通」もまた必要とされることがわかる．反対に，商業施設や医療施設などの「地域の拠点」が衰退すれば生活ニーズもシュリンクし，交通利用者も減少する．これらの関係性を図式化したものを，図 5-1 に示している．これまでも，地域の拠点とコミュニティ交通は互いに影響を及ぼし合い連関しており，こうした相互作用を前提として，これからのコミュニティ交通と地域づくりを捉えていくことで，地域の拠点とコミュニティ交通双方の存在意義が高まるものと考えられる．

以上，本節では紙幅を割いて「交通と地域づくり」という観点から，商業施設や医療施設などの生活ニーズを創出する地域の拠点と，これらをつなぐコミュニティ交通との連関について整理を行ってきた．住吉台の事例からは，交通事業者や地元の商業施設などの複数のアクターが関わり合うことで，住民生活の包括的な支援が可能になることがわかった．このようなアクター間の関わり合いや持続可能な「交通と地域づくり」に関する詳細な検討は，今後の研究課題の一つとして明示しておきたい．

5．本章のまとめ

　第3章及び第4章では過疎地や地方部を中心に，地域公共交通の新たな展開に着目してきたが，都市部での現状をみるために，第5章では神戸市東灘区住吉台を事例として，住吉台くるくるバスと新型交通"COSMOS"の実証実験に焦点を当てて，考察してきた．

　住吉台くるくるバスの運行主体はみなと観光バスであるが，既に述べてきたように，住民組織によって作られてきたバスである．ただ，森栗（2013）などの先行研究において地域住民の主体的な取り組みや，有識者による適切なアドバイスが行われてきたことが紹介されているため，本章では住民の活動には焦点を当てていない．

　むしろ，運行開始以後に交通事業者の側がどういった取り組みを行い，地域住民と関係性を築いているのかを明らかにするために，2016年3月以降，複数回にわたって「定期券販売」の場にみなと観光バス担当者の中川氏に同行してきた．先にも述べたように，近隣駅のチケットショップに定期券の販売を委託しているため，必ずしも交通事業者が住宅地で行う必要はないのだが，地域住民にとって運行に対する意見やクレーム，あるいは「感謝」を伝える場所として定期券販売の場が位置付けられていることが補足調査からわかっている．

　2017年5月に行った調査では，駅での定期券販売ではなく，必ず住宅地での定期券販売で購入するという住民もみられた．また日常的にバスを利用しているわけではないにもかかわらず，担当者である中川氏との「付き合い」で定期券を購入する高齢者もおり，担当者と地域住民との間に一定の信頼関係が築かれていることがわかる．こうした意味では，交通事業者による定期券販売の場が，一つの「住民参加のプラットフォーム」となっているといえる．

　新型交通"COSMOS"の実証実験は，開始から1週間ほどで中止されたが，取り組みの構想自体に都市部・地方部双方への有益なインプリケーションがあったように考えられる．たとえば，住民参加促進のための仕組みづくりとして，京丹後市のような「運転者としての参加」だけでなく，自家用車や駐車場所の共有（提供）という参加の形態も含まれていた点である．

ライドシェアやカーシェアといった新たな交通の文脈では「遊休資産の活用」，すなわち普段使っていないものや，使う頻度が少なくなったものを活用することが図られているが，新型交通"COSMOS"ではまさにこれが実現されようとしていた．共有に際しての交通事故の保険や法整備，あるいはシステム構築などについては，改善の余地があることは言うまでもないが，地域住民が主体的に参加の意思を示していたことは特筆すべき点である．

一方で，2017年3月のみなと観光バスに行った補足調査では，「一度に多くのことをしようとした」ために，実験が成功しなかったのではないかとしており，ライドシェアやカーシェア，ゴルフカートによる送迎のうち，部分的に始めていれば異なった結果が得られていた可能性もある．また複数の交通モードの連携を図るためのシステム構築は容易ではないが，第6章でも詳述する欧州では MaaS（Mobility as a Service）として，新たに公共交通やシェアリング型交通の組み合わせが実践されている．こうしたことから，第4章でみてきた丹波市でのデマンドタクシーとバス・鉄道の連携とも合わせて，欧州での事例が日本の地方部にどのような示唆を与えるのか，次章でみていきたい．

謝辞 本調査にあたって多大なご協力をいただいたみなと観光バス株式会社業務開発・運行管理担当及び顧問の中川善博氏に深く感謝申し上げたい（所属・役職等は2017年5月時点）．

注

1) 中川氏に電話にて調査依頼を行った際「実際に定期券販売をしている様子を見てはどうか」と提案をしていただいたため，エクセル住吉台集会所でインタビュー調査をさせていただくこととなった．

2) これについて中川氏は，開通前「1日500人ほどの利用者」を予想していたという．また中川氏からは，利用者数について「正直に言えば見込みはなかった」，「賭けだった」といった言葉も聞かれた．

3) 摩耶山周辺を走る「坂バス」は，東西を走る神戸市営バスに対して南北を運行しており，山あいの住宅地で生活する住民のアクセスを高めていることがわかる．

4) みなと観光バス株式会社と株式会社日本総合研究所による新交通システム COSMOS の説明文書では，「① 共有の車輌「みんなの車」の導入をきっかけに，② 地域の中でのコミュニケーションを活発にし，コミュニティの基盤を強化しながら，③ 地域で利用可能な交通手段を「見える化」し，「共有」しつつ，④ 既存の交通サービスを補完する

毛細血管系の交通網を張り巡らすことで，⑤人の行き来を増やし，いつまでも元気で，安心して暮らせる地域，若い世代にとっても魅力的な地域をつくる．⑥しかも，それを皆さん自身の手で運営する」とされている．

5) 生活協同組合コープこうべホームページ「賀川豊彦物語 生協活動と賀川豊彦 Vol. 6 生協活動の広がり」〈http://www.kobe.coop.or.jp/about/toyohiko/extent.php〉（最終閲覧日 2018 年 11 月 7 日）．

第6章
近年の国内外におけるモビリティ確保の事例

　近年では自動車の電動化や共有システムの構築，自動運転技術の開発等が進められており，クルマ社会にも変革が起きつつある．とりわけ昨今の自動車産業においては"CASE"が一つのキーワードとなっている．独ダイムラー社によれば，CASEとはConnected（接続），Autonomous（自律的な），Shared（共有），Electric（電動化）の4つを意味しており，これらを包括的に，シームレスなパッケージに統合していくことが正真正銘の革命であるとしている[1]．具体的には，すでに実用化が進んでいるものもあるが，通信事業者との連携によるスマートフォン等の端末との連動や，自動車へのWi-Fiの搭載，運転支援システムの構築などが挙げられる．

　こうしたクルマ社会の変化の中で，先述のいくつかの事例でもみてきたように，自動車の活用も含めたモビリティ確保の方策が検討されつつある．本章では，近年の国内外におけるモビリティ確保の事例として，第1に欧州における新たな交通"MaaS"の展開，第2にローカルな取り組みとして，ドイツ「住民バス」の事例，そして第3に，国内における近年の実践事例を概観する．特に本書の第3章から第5章で取り上げてきた事例を補完する形で，近年実施されている国内外の事例や政策動向を確認する．

1．欧州における新たな交通"MaaS"の展開

　本書では主に，日本国内の事例を扱ってきたが，これらの地域で展開されているデマンド交通や自家用有償運送は，欧州や米国の先進事例に学んできた部分も多い．そして，こうした欧州や米国では現在，カーシェアやライドシェアをはじめとして，様々な試みが行われつつある．本節では，とりわけ欧州における新たな交通の展開に焦点を当てながら，複数の交通サービスの連携プロセ

スや，アクター間での調整や協働に際して，どのような課題があるのか，欧州での事例を概観しつつ，日本国内での導入・検討状況についてもみていきたい．

1.1. MaaS による交通サービスの統合

本書ではケーススタディを通じて，そのアクターの役割や連携・協働の方策を検討してきたが，欧州での事例に目を向けると，交通サービスの多様化に伴い，運行主体や交通事業者という考え方が変化しつつある．たとえば，先にみてきたウーバーの事業展開を考えると，日本では例外的に NPO 法人が運行主体となり，運行管理者を設置しているが，世界的にはユーザーとドライバーを媒介するサービスを展開している．ほかにも市民同士のカーシェアやレンタサイクルであれば，事業者として自前のドライバーや車両を保有する必要はないが，一つの事業として台頭しつつある．

とりわけ ICT（情報通信技術）の進展やスマートフォン，タブレット端末の普及は，こうした新たなサービスへのアクセスを容易にしている．第2章でアーリによる自動車の「脱私有化」に言及したが，欧州ではより一層，自家用車の所有から移動サービスへのアクセスへ，あるいは「所有から共有へ」の流れに変化してきている．

たとえば Dovey-Fishman（2012）は，次世代型交通システムとして，カーシェアやライドシェア，統合型の運賃管理，ピア・トゥ・ピア（市民／住民同士）のカーレンタルなどの交通モードやサービスをつないでいくことが，都市部の交通渋滞の解消に寄与することを指摘している．さらに，これらの新たな交通は，カーシェアのように携帯電話やアプリケーション，スマートカードの技術によって可能になりうるものと考えられている（Dovey-Fishman, 2012）．

こうした新たな交通サービスを，欧米諸国では MaaS（Mobility as a Service）と呼んでおり，直訳すると「サービスとしてのモビリティ」であるが，欧州の企業や自治体，団体等が参加する MaaS アライアンスは，MaaS の定義として，次のことを挙げている．

「Mobility as a Service（MaaS）とは，複数の交通サービスの形態を，需要に応じてアクセス可能な一つのモビリティ・サービスに統合することである．顧客のリクエストに応えるため，MaaS のオペレーターは公共交通やライドシェ

ア，カーシェア，レンタサイクルやタクシーの相乗り，自動車のレンタル・リース，あるいはこれらの組み合わせという多様な交通の選択肢の利用を円滑にするものである」[2]（筆者訳）

　この定義に従えば，本書のケーススタディでみてきたような自治体や交通事業者とは異なる，MaaS のオペレーター，あるいは事業者ともいうべきアクターが新たに出現しているものと考えられる．ただ，MaaS の概念自体はまだ新しいものであり，Jittrapirom et al.（2017）においては，「モビリティを理解するための新たな概念」あるいは「新たな行動や技術によって発生した現象」，または「異なる利用可能な交通モードとモビリティ・サービスを融合させる新たな交通の解決策」という 3 点が考えられる[3]としている．

　また総務省では「手元のスマートフォン等から検索〜予約〜支払を一度に行えるように改めて，ユーザーの利便性を大幅に高めたり，また移動の効率化により都市部での交通渋滞や環境問題，地方での交通弱者対策などの問題の解決に役立てようとする考え方の上に立っているサービス」として MaaS を位置付けている[4]．すでに MaaS が本格的に導入されている欧米諸国ではヘルシンキ（フィンランド）やバーミンガム（英国）などの都市部でサービスが提供されているが，総務省の説明にもあるように「地方の交通弱者対策」になるか否かが，過疎地域のモビリティ確保を考える上で主要な論点の一つとなるであろう．

　MaaS の特徴として，サブスクリプション（定額）方式でのサービス提供がなされている点が挙げられているが，Hensher（2017）は，こうした定額支払い方式に注目し，これが低密度地域に居住する住民に大きな利益をもたらすとしている[5]．たとえば，MaaS の取り組みが先行的に始まっているフィンランドでは，“Whim” というアプリを用いてヘルシンキやその周辺地域でタクシーや公共交通，自動車のレンタルが可能であるが，そのサービス内容と価格は図 6-1 の通りである．

　このほかにも，Whim にはヘルシンキ以外の単一地域での無制限利用（55 ユーロ追加）や，3 地域での利用（100 ユーロ追加）など，追加的なパッケージも含まれている．これはあくまで一例であり，スウェーデンのイェーテボリや英国・ロンドンでも同じように，公共交通と自動車レンタル，レンタサイクルなどのサービスを組み合わせたサービスが実施されている．

Pay Per Ride 月額支払いなし	Whim Basic 94€の価値	Whim Go 179€の価値	Whim Business 無制限プラン
Whimを使用して 移動した分だけを 支払う	タクシーと自動車 レンタル(39€まで) ヘルシンキの公共 交通を無制限で使用 (55€の価値) 月額89€	タクシーと自動車 レンタル(124€まで) ヘルシンキの公共 交通を無制限で使用 (55€の価値) 月額149€	タクシー無制限 公共交通無制限 月々，自動車の 台数や日数を選択 応相談

図6-1　フィンランドのアプリ "Whim" のサービス内容と価格

出典：Whim "Limitless travel" 〈http://whimapp.com/fi-en/〉（最終閲覧日　2018年11月6日）より
筆者作成．

　先述のJittrapirom et al.（2017）では，米国，英国，カナダ，オーストラリア，フランスなどでのMaaSの取り組みを取り上げているが，このうちラスベガス（米国），イェーテボリ（スウェーデン），ハノーファー（ドイツ），そして先に紹介したヘルシンキ（フィンランド）では月額運賃が設定されており，その他は利用回数制料金（pay-per-use）となっている[6]．

　Hensher（2017）は，MaaSの「3つのB」として，Budgets（予算），Bundles（束ねること），そしてBrokers（仲介者）を挙げており，複数の交通モードを束ねるための仲介者になる機会を得られれば，既存の公共交通提供者の役割は変化しうるとされている[7]．一方で，仲介者として活動するには，営利的ではない要素による公的な補助金が必要であるともされている（Hensher, 2017）．

　以上のように，MaaSは利用者や顧客の需要に応じて提供されるサービスであるが，このために公共交通のモード間，サービス間の連携が必須となる．Hensher（2017）の3Bに照らし合わせれば，たとえばサブスクリプション方式の運賃設定は誰が，どのように行うのか，その予算はどこから持ってくるのかという実践的な課題があるといえよう．さらには，複数のサービスを束ねるためには，交通モードのネットワーク化や，地方自治体や交通事業者，住民組織などのアクター間での連携や協働が求められる．その仲介を既存の交通事業者が行うのか，あるいは車両も運転手も持たないウーバーのような新たな企業が出現するのか，その動向を注視していく必要がある．

1.2. 従来の交通サービスとMaaSの差異

先述のHensher (2017) はMaaSについて,「ファースト・アンド・ラストマイル」,すなわち自宅から目的地に行くまでの最初と最後の距離(をどのように埋めるか)に言及している.King (2016) は図6-2のように示しており,このような問題を,公共交通担当部局や民間事業者が直面する"first mile/last mile"(FMLM)問題と呼んでいる.

こうした「FMLM問題」はもともと,電気通信や物流の分野で扱われてきたものであるが,消費者までの最初/最後の区間を指すものとされている.現代社会の公共交通も,まさに同じ問題に直面しており,たとえばバスや鉄道が地域内に存在していたとしても,停留所や駅までのアクセスが困難な人々にとっては,ないも同然のサービスとなるわけである.ここに,交通サービスとMaaSの差異があるようにも考えられる.

つまり,従来の交通サービスであれば公共交通の停留所や駅までのアクセスは自力で「できるもの」と考えられてきた.しかし,とりわけ地方部では,そうしたFMLM問題が人々の移動を自家用車へと志向させるものであったといっても過言ではない.一方で,MaaSは,従来の公共交通に加えて自動車,自転車のレンタルや,自家用車及びタクシーへの乗り合いを組み合わせていくものである.たとえば自宅から最寄駅までレンタサイクルでアクセスし,そこから鉄道で移動したのち,駅から通勤先までのラストマイルを同僚とタクシーに乗り合う,という一連の流れを想定できる.

これまでの「交通サービス」の考え方であれば,バスや鉄道は単一のサービ

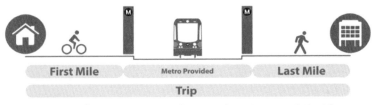

図6-2 「ファースト・アンド・ラストマイル」のイメージ

出典:King, D.A. (2016) "WHAT DO WE KNOW ABOUT THE "FIRST MILE/LAST MILE" PROBLEM FOR TRANSIT?", 〈https://transportist.org/2016/10/06/what-do-we-know-about-the-first-milelast-mile-problem-for-transit/〉(最終閲覧日 2017年9月6日)より抜粋.

スであり，徒歩や自転車移動は当然，「交通サービス」には含まれないものであったといえる．ただ，MaaS の考えのもとでは，既存の公共交通へのファースト・アンド・ラストマイルを，ライドシェアやカーシェア，タクシーシェアなどを用いて埋めていくことが可能となる．そうした意味では，新たなモビリティ・サービスが既存の交通サービスを凌駕するのではなく，むしろ補完する可能性も大いにあるともいえる．

1.3. 地方部等での MaaS の展開可能性

日本では都市部を中心に民間の交通事業者が多く存在するため（もちろんそれによって多様な移動の選択肢があり，サービスの改善や価格競争等にもつながっているのは肯定的に捉えるべきであるが），アプリでのサービス一元化や月額運賃の設定などで，議論が複雑化することが予想される．特に，サブスクリプションを導入する場合に，ユーザーの定額支払いによって得られた利益をどのように各社に分配するのかに関する議論は容易ではないものと考えられる．

一方で，本書で取り上げてきたような，交通事業者の撤退あるいは衰退している過疎地域や地方部ではどうであろうか．先述のように，月額運賃の設定については慎重な議論を重ねる必要があるものの，たとえば公共交通とライドシェア，カーシェア等の連携を行うことで，より地域住民の需要に応じたモビリティ・サービスの展開が可能になるものと考えられる．またこうしたサービスを束ねていくためには当然，地域社会において議論の場を設置することが求められるであろうし，そこに地域住民が積極的な参加も必要とされる．

図 6-3 では，MaaS によるサービス展開のイメージを図示している．地方部では路線バスや鉄道という基幹的な交通が衰退している傾向にあるが，一方で乗合タクシーや自家用有償運送，福祉輸送など，多様なアクターによって生活交通が展開されつつある．こうしたことから，たとえば複数の交通モードを組み合わせて地域内を移動できる仕組みを構築し，かつ予約や支払いのプラットフォームを単一化することで，地域住民に利便性をもたらすことが期待される．

たとえば本書の第 3 章で取り上げたデマンド交通の事例であるが，安曇野市は広域であるため，鉄道や一般のタクシーという他の公共交通との利用と合わせて，定額の支払い方式を導入することで，定期的な乗り継ぎ利用客を獲得で

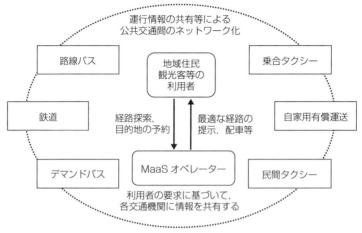

図 6-3　MaaS によるサービス展開のイメージ
出典：筆者作成．

きる可能性がある．第 4 章で取り上げた兵庫県丹波市の事例は，既存の公共交通との連携を前提としてデマンド型乗合タクシーが運行されていたが，たとえば路線バスや鉄道，タクシーを利用できるアプリやスマードカードを用いることで，さらに円滑な公共交通連携が実現するものと考えられる．

京丹後市「ささえ合い交通」の事例については，現在はウーバーを用いた場合は自家用有償運送のみ利用可能であるが，ウーバーか，あるいは新たなアプリを用いて，ささえ合い交通と既存の公共交通「上限 200 円バス」や，丹後町内で運行されるデマンドバスと連携したサービスの発展も考えられる．とりわけ京丹後市の公共交通については，第 4 章でも言及したように，2004 年の合併以来，自治体が積極的に鉄道・バスの活性化に取り組んできたという経緯もあるため，複数の交通モードを束ねる役割を自治体が担っていく可能性も十分に考えられよう．

公共交通とライドシェアやカーシェアという複数サービスの組み合わせという意味では，第 5 章の神戸市東灘区住吉台の新型交通 "COSMOS" の実証実験に，欧米諸国における MaaS の取り組みは実践的なヒントを提示するものと考えられる．同地域での実証実験は，既述のようにシステム上の不具合で中止となったが，先に述べたフィンランドのアプリ "Whim" など，すでに欧米諸

国で活用されているアプリを参考に，システム構築を行っていく余地は十分にあるといえよう．

　前項で参照した Dovey-Fishman（2012）は，MaaS などの新たな交通の取り組みを通じて，交通のオープンデータ化を目指すことに言及しており，誰もが最新情報にアクセス可能なデータを提供していく必要があると指摘しているが[8]，アプリやスマートカードを採用すれば，個人情報に関する議論は慎重になされて然るべきであるが，自治体や交通事業者も利用者の動きを把握することが可能となる．またこうしたオープンデータ化の流れは，第3章でみてきた玉城町のように，外出機会の少なくなった高齢者に福祉関連アクターがアプローチするという可能性ももたらすことも考えられる．

　また，地方部では路線バスの停留所や鉄道駅を利用するための乗り継ぎとして，乗合タクシーやデマンドバスの利用も想定されるが，そうした場合にもサービス間の垣根をなくしていくことで，より利用者の需要に応じたモビリティ・サービスを展開することにつながるものと考えられる．ただし，先述のようにオペレーターはどういったアクターが担うのかといった点や，利益を各アクターにどのように分配するのか，あるいは不採算の場合には公的な補助金を拠出できるかという点も解決すべき課題として残されているといえよう．

　以上のように，ここでは欧米諸国における MaaS の取り組みと従来の交通サービスとの差異や，日本での応用可能性について整理を行ってきた．とりわけ，ファースト・アンド・ラストマイルの考え方は，日本における公共交通と新たな交通との連携に有益な示唆をもたらすものと考えられる．こうしたデジタリゼーションともいえる潮流の中ではあるが，一方で同じ欧州でも，市民・住民のローカルな活動をもとにモビリティ確保に努めている事例もある．そうした取り組みの一つとして，地域住民が主体的に取り組む「住民バス」が挙げられる．次節では，筆者が2017年8月に行ったドイツ地方部での調査から，その取り組みの概要と要点を述べていく．

2．ドイツ地方部「住民バス」のケーススタディ

　ここでは，地域住民が主体的に公共交通を運営し，行政が補助している事例

としてドイツの「住民バス（Bürgerbus）」の取り組みに着目する．ここでドイツ地方部の住民バスを取り上げる理由として，ドイツ全土で取り組みが拡大しつつあること，そして地域住民という地域の現存資源を活用しながら住民のモビリティ確保に寄与していることなどが挙げられる．とりわけ，筆者がインタビュー調査を行ったザクセン州ノルトザクセン郡アルツベルク町では，住民の主体的な活動に行政機関が積極的に支援を行っていることは特筆すべき点である．

　また，先述の新たなモビリティ・サービスとの関連でいえば，2014 年 9 月にドイツ国内でのウーバー利用を禁止する判決がフランクフルト地方裁判所から言い渡されているため，日本と同じように，ライドシェアは完全に普及しているとは言い難い．MaaS に関しては，都市部を中心に拡大しつつあり，大手自動車メーカーのダイムラー傘下のモビリティ企業 "moovel" が，公共交通やタクシー，カーシェアなどを統合し，継ぎ目のない都市交通を実現しようと試みている[9]．ただ，こうした MaaS の流れが地方部や過疎地域に波及するには一定の時間がかかるものと考えられる．

　こうした状況下において，ドイツ全土で広まりつつある住民バスは，補助金を通じたボランティアのバス交通である．基本的には，公共交通の空白地域で，既存のバスや鉄道を補完する形で運行されている．日本と同様に，高齢化や人口減少という課題を抱えているドイツ地方部において，どのような取り組みが行われているのか，筆者が 2017 年 8 月に実地調査を行った[10]，ザクセン州ノルトザクセン郡アルツベルク町の事例からみていきたい．

2.1.　ドイツにおける「住民バス」の取り組み

　まず，ここでは住民バスの全体像を把握しておきたい．Schiefelbusch（2013）は住民バスの定義に関して，次のように説明している．

　「住民バスは，とりわけ車両の運行のほとんどあるいは全ての仕事を務める無償のボランティアを用いた公共交通サービスである．住民バスは地域の資源と地域の利害関係者の密接な関係を利用するものである．車両はミニバスあるいは大型乗用車が用いられる[11]．」（筆者訳）

　したがって，住民バスは公共交通サービスの一つとして位置付けられる．

達成感 交通環境を発展・充足・改善したことに対する達成感	付き合い 他人との社会活動や利用者, 住民バス組織との付き合い	利他主義（愛他心） 他人を助け, 地域コミュニティでの生活に貢献すること	活動 退職後に何かすることを探し求めること

図 6-4　住民バスの活動に関与する主な理由

出典：Schiefelbusch（2013）より筆者作成.

Schiefelbusch（2013）によれば，およそ 200 の住民バスが 2013 年時点のドイツ国内で運行されており，そのうち 88 の住民バスは，ドイツ西部のノルトライン＝ウェストファーレン州で運行されている．こうしたボランティアを用いた公共交通サービスの対策は，1930 年代，あるいは 1960 年代後半から再びみられるようになった英国の取り組みが起源であるとされおり，その後，1977 年にオランダへ伝わったのち，1985 年にドイツで最初の事例が確認されている（Schiefelbusch, 2013）.

　Haase et al.（2012）は，ブランデンブルク州のブリーゼラング（Brieselang）における住民バスの事例を取り上げているが，同地域の住民は，他地域でのコミュニティで行われている住民バスの取り組みを調査した上で，地元交通事業者や郡，地方行政への関与を試みたとされている．さらに，地域住民自らが地域の交通問題に取り組むべく，住民バスブリーゼラング協会を設立し，とりわけ社会における移動困難なグループへのモビリティ促進を目的として，利用可能な公共交通機関の補完や，地元地域をより良くつないでいくことなどを目指したとされている（Haase et al., 2012）．また Schiefelbusch（2013）は，地域住民が住民バスの活動に関与する理由を，図 6-4 に示す 4 つに分類している.

　ただ，Schiefelbusch（2013）は，地域住民が住民バスの活動に参加・関与する動機付けは外部からの介入によって形成されるものでもなければ，行政機関の首長が必ずしも住民バスのプロジェクトへの支援を決定するものでもないとしている．しかしながら，ドイツ国内の様々な地域で住民バスの取り組みが普及しており，図 6-4 のような分類を行うことが可能なほどに，多くの地域住民が関与しているものと考えられる.

　次に，住民バスのケーススタディとして，筆者がインタビュー調査を行った

ザクセン州ノルトザクセン郡アルツベルク町の事例を取り上げる．アルツベルク町の住民バスは，ザクセン州で2例目となる住民バスの取り組みであり，ノルトザクセン郡のパイロットプロジェクトとして位置付けられている．詳細は後述するが，住民のみならず，町長や郡長も積極的に住民バスの取り組みや活動に参加していることは，この事例の特徴ともいえる．

2.2. アルツベルク町と住民バスの概要

　アルツベルク町の人口は，2017年8月時点で約2千人であり，66歳以上の人口は25%となっている．1998年の人口は約2,500人であったが，ドイツ国内の他の地方部と同様に，人口減少と高齢化が課題となっている．路線バスは1日8本運行されているが，スクールバスの役割も兼ねているが，小学校が休みとなる休祝日や長期休暇などは全く走っていない．

　同地域では，2012年から2013年にかけて「高齢者がどのようなことで悩んでいるのか」という内容に関するアンケートが行われ，そこでの課題の1つに公共交通の問題が挙げられた．そこからさらに，どういった割合の人がモビリティに課題を持っているのか，行政機関の住民登録課で調べたという．その結果，住民のおよそ10%の人が，66歳以上の高齢者でバス停までのアクセスが困難であることがわかった．こうした背景のもと，ノルトザクセン郡の23市町におけるモデル（パイロット）プロジェクトとして，アルツベルク町で住民バスの取り組みが検討された．またこの取り組みは，地元のボランティア団体 "Ostelbien-Verein"[12] とノルトザクセン郡，アルツベルク町の他に，公共交通提供者及びコンサルタントの連携のもとで行われた．

　運行主体は地元住民で組織された先述のボランティア団体 "Ostelbien-Verein" で，23人のメンバーのうち13人がドライバー，8人がオペレーター，そして2人が技術者である．13人のドライバーのうちの1人はノルトザクセン郡の郡長であり，ときには運転をすることもあるという．また，23人のうち4人はパートタイム等で仕事をしており，それ以外のメンバーは基本的に，概ね60歳以上の退職者である．

　運行曜日は火曜日と金曜日の週に2回となっており，利用対象者は基本的にはアルツベルク町民のみとなっている（**図6-5**）．利用方法は月曜日か水曜日の

図 6-5 アルツベルク町の住民バスの運行エリア
出典：アルツベルク町の町長 Holger Reinboth 氏提供資料．

午後3時から午後5時の間に，オペレーターに電話で予約時間や行きたい場所を伝えるというものである．なお，この際オペレーターが病院の診察時間までも，病院に問い合わせて調整してくれるということであった．病院の担当医の方も，住民バスの運行時間に応じて診察時間をアレンジするようになっていることは，興味深い点であるといえる．

また，予約及び配車に際してオペレーターの手元にパソコンもあるが，オペレーターを務める住民が比較的，高齢であり使いこなせないため，基本的には紙ベースのリストを作成するというアナログな手法をとっている．電話予約の曜日や運行日はそれぞれ週に2回であることから，やや少ないようにも思えるが，今のところは地域住民から改善等の要求はないという．むしろ，後述のように，団体のメンバーからは曜日等に関する意見が出ているのみである．

2017年2月22日に運行が開始されてから，7月末まででのべ6,888 km の運行，492人の利用者である．車両は**写真 6-1** の通り，8人（＋1人運転手）乗りのメルセデスベンツが使用され，車椅子でも歩行器でも乗車することができるようにスロープや手摺を設置した特注品を使用している[13]．なお，特注車両のため，車両の購入費用は11万ユーロ（約1,400万円）と高額であるが，これを郡が負担している．

写真 6-1　アルツベルク町の住民バス
出典：筆者撮影（2017 年 8 月）．

　運賃と採算性については，住民バスはボランティア活動の一環であるため，基本的に運賃は決まっておらず，寄付金という形で支払ってもらっており，これをボランティア団体の活動資金に充てている．この背景には，6 年間の運営補助金がノルトザクセン郡から拠出されているということがある．アルツベルク町内からバイルローデの駅まで約 8 km であるが，その場合は 4 ユーロほど，他のトリップでも概ね 2〜5 ユーロを団体側は「出して（払って）ほしい」としているが，これは運賃ではないため，1 ユーロしか出せない人は「それでも良い」と許容している．

　なお，バス車内には募金箱のようなものが設置されており，利用客がそこに思い思いの額を「寄付」していく形となっている．これまでの寄付金を平均すると，月に約 200 ユーロであり，乗車 1 回あたりに換算すれば，およそ 2 ユーロの寄付が行われている．また，燃料費と車両の修繕費用もノルトザクセン郡から年間で 5,000 ユーロを拠出されており，基本的には運営側の住民が自己負担をすることはない．

2.3. インタビュー調査の結果から

　さて，筆者の行ったインタビュー調査では，住民バスによって地域住民の生活やボランティア団体の活動にどのような変化があったのかを尋ねることができた．その結果を，以下のように要約しておく．

　第 1 に，住民バスが地域住民に新たな移動パターンをもたらしていることで

ある．同地域で生活する高齢者の移動の課題はかつて，家族や友人によってカバーされていたことから，顕在化されることはなかったようであるが，やはり先に述べたような人口減少や高齢化で，送迎できる家族や友人がそう多くはなくなってきていることが推測できる．そこで住民バスが運行されることにより，これまで家族に依存していた人も自分で移動できるようになった．さらには障害者も，それまでは施設の送迎車で家と施設の往復のみだったものが，自由に行きたいところへ行くことができるようになったことも，特筆すべき点である．

　また，地域社会における「多世代の家（Mehrgenerationenhaus）」と，住民バスとの関連性にも着目しておきたい．この多世代の家は，久万（2010）によれば，「若年層と高年層，子どものいる夫婦，または夫婦のみ，母子家庭，独身者等」の様々な立場で，かつ幅広い世代の人々が同じ場所で助け合いながら生活することを目的とした集合住宅であるという[14]．2006年から，少子高齢社会・核家族化の中で抱える課題を解決するために，「多世代の家プロジェクト」に政府が取り組んできたもので，各施設は年間最高で4万ユーロの助成金を受けることができるという（久万，2010）．

　アルツベルク町内での多世代の家は，主に高齢者の集いの場となっており，団体のメンバーはそこに行けばおおよそ，住民バスの利用状況がわかるという．たとえば木曜日はカフェ（コーヒータイム）の日となっているが，そこである高齢者が「次の火曜日に病院に行く」というと，「私も行く」という人が出てきて，一緒に住民バスで移動することがあるという．

　第2に，ボランティア団体での活動を通じた地域住民同士の交流の活性化である．ボランティア団体 "Ostelbien-Verein" では，月に1回，第1金曜日に会合を行っており，特に住民バスに関して，弁護士を招いて交通事故の際の保険について学んでいるほか，赤十字の職員を招いて運行時に事故が起こったときの対応を学んでいる．またメンバーの中から，電話予約の曜日を金曜日にも増やそうという提案が出ており，検討されている．また，メンバー全員でビールを飲み，ソーセージを食べて楽しむというのが慣例となっており，こういったミーティングを通じて「社会的ネットワークを作っている」ということであった．なお，こういった懇親会では必ず1人が「ハンドルキーパー」となり，住民バスでそれぞれの自宅に送っていくということも習慣になっているという．

また 13 人のドライバーのうち 1 人はリビア出身の移民がおり，社会的包摂，あるいは多文化共生として住民バスを運行していることも興味深い点である．すなわち，高齢者も障害者も移民も，住民バスの運行や利用を通じて社会に参加し，交流を図ることが可能となっているのである．加えて，この住民主体の取り組みをアルツベルク町の町長が全面的にバックアップし，ノルトザクセン郡の郡長が運転手として活動していることも，地域住民と行政，その他のアクターとの隔たりをなくしているものと評価できる．

以上のように，ここではドイツのザクセン州ノルトザクセン郡アルツベルク町における「住民バス」の事例から，ドイツ地方部における住民主体型の取り組みについて述べてきた．同団体によれば，今後の展望については「いつも満員で運転すること」としており，この事例を先駆けとして，近隣地域はじめ他の地域でも応用されていくことを望んでいるという．ただ，やはり国や州，郡から補助金を取ってくることが重要であるとしており，これがなければ住民バスを展開することはできない，としている．

しかしながら，地域住民が主体的にバスの運行に携わりながら，郡や町が全面的にサポートしているこの事例は，参照すべき点が多いといえよう．また最近では，地元企業からの協賛を受けてバスに広告を付けて走ることが決まっており，住民，行政に加えて新たなアクターが協力することとなった．これらのことから，高齢者等の交通弱者のモビリティ確保のみならず，地域住民相互の交流の活性化や，行政と民間企業，住民の連携・協働の方策の 1 つとして位置付けることができるものと考えられる．

3．わが国における近年のモビリティ確保の事例

先述の MaaS や住民バスに関しては，主に欧州の事例や取り組みを中心に取り上げてきたが，ここではわが国における近年のモビリティ確保の事例を列挙し，その動向を確認する．

3.1. わが国での MaaS の導入・検討状況に関する整理

既述の通り，MaaS は欧米諸国を中心に，着実にそのサービスの内容や範囲

が拡大しつつある．以下では，わが国における MaaS の導入・検討状況や官民レベルにおける動向について，簡潔な整理を行っておく．

2018 年 10 月に国土交通省内で MaaS のあり方などを検討するため「都市と地方の新たなモビリティサービス懇談会」が立ち上げられ，日本で MaaS を展開するにあたっての課題や可能性について議論され始めている．同懇談会では，地方部での MaaS を考える際には，公共交通利用と自家用車保有の間のギャップを埋められるかが論点となる一方で，既存の交通事業者を巻き込みつつ新たなモビリティ・サービスを展開できる可能性も示されている[15]．

同じく 2018 年 10 月には，トヨタ自動車とソフトバンクが MaaS 等の新たなモビリティ・サービスの構築に向けた戦略的提携に合意しており，新会社「MONET Technologies 株式会社」を設立し，「ソフトバンクの『情報革命で人々を幸せに』とトヨタの『全ての人に移動の自由を』の二つのビジョンを融合」したモビリティ社会の実現が構想されている[16]．また，同様に民間レベルでは小田急電鉄が，2018 年 9 月に自動運転バスの実証実験に合わせて「MaaS トライアル」を実施しており，スマートフォンアプリ「Yahoo！乗換案内」を用いた移動に関する多様なサービスの一括提供を行っている[17]．

さらには，こちらも同じく 2018 年 10 月と同時期であるが，東京急行電鉄が国内では初となる「郊外型 MaaS 実証実験」を 2019 年春実施することを表明している．この実験では，多様な移動の選択肢の提供として，① ハイグレード通勤バス（平日朝の時間帯に Wi-Fi 搭載のバスを運行），② オンデマンドバス，③ パーソナルモビリティ（坂道や狭隘な道の多い住宅街で小型電気自動車を運行），④ マンション内カーシェアリング，という 4 つのモビリティを駆使した実験を横浜市で行おうとするものである[18]．

こうした官民での MaaS や新たなモビリティ・サービスに関わる動きが活発になっているが，基本的には都市部やその周縁部で実証実験が行われる傾向にあり，モビリティの課題に直面する過疎地域や地方部では，そうした実験等の取り組みが活発ではない．もちろん実験を実施するにあたっては一定以上の需要がなければデータはとれない上に，広域かつ住民の居住地が散在している地域であるほど取り組みは困難を極めることが予想される．ただ，先にも述べたように，地方部でも交通手段は多様化し，複雑化しているため，予約や支払い

のプラットフォームをまとめる仕組みがあれば住民のモビリティ問題の解決の一助になるかもしれない.

　また，2014 年に改正された地域公共交通の活性化及び再生に関する法律（いわゆる「活性化再生法」）では，公共交通ネットワークの面的な再構築や，まちづくり，観光振興等との一体的な連携を図ることが目指されている.　したがって，MaaS という新たなサービスが展開され，またその際のアクター間の連携・協働を通じて，これらの具現化が期待される.　さらには，高齢者等を対象として，買い物支援や福祉有償運送などのサービスと組み合わせて展開していくことで，外出を起点とした総合的な生活支援にもなりうる.　たとえば運転に不安を抱える高齢者には，自動車利用の頻度を低くしながら自家用有償運送や民間タクシーを利用することで，自ら運転せずに外出できることを体感してもらうこと，免許返納後の生活を想像してもらうことにもつながることが期待される.

3.2.　自動運転のバス・乗用車等の実証実験

　地方部に限らず，交通事業全体で人手不足や交通サービスの持続可能性が問われている中で，自動運転のバスや乗用車等への注目が集まっている.　とりわけ自動運転に取り組むアクターという観点では，電気通信事業者や IT 企業，大学など，MaaS 同様に多様な主体が関わっていることも，従来の鉄道やバスという交通サービスとはやや異なる点といえよう.

　自動運転のレベル分けについては，図 6-6 を参照されたい.　現状では国内で行われている実証実験や自動車に実装されているものはレベル 1 ～ 2，すなわちドライバーによる監視にとどまっている.　厳密にいえばドライバーがすべての操作を行うものがレベル 0（ゼロ）として位置づけられるため，自動化には 6 段階のレベルがあるともいえる.

　国外では，グーグルやウーバー，あるいは自動車会社のテスラなどの企業による自動運転の実証実験が行われている.　国内でも都市部や郊外地域で民間企業による自動運転のバスやゴルフカート，乗用車の実証実験が行われているが，地方部や過疎地域では国土交通省主導による人やモノの移動の円滑化に向けた取り組みが行われつつある.

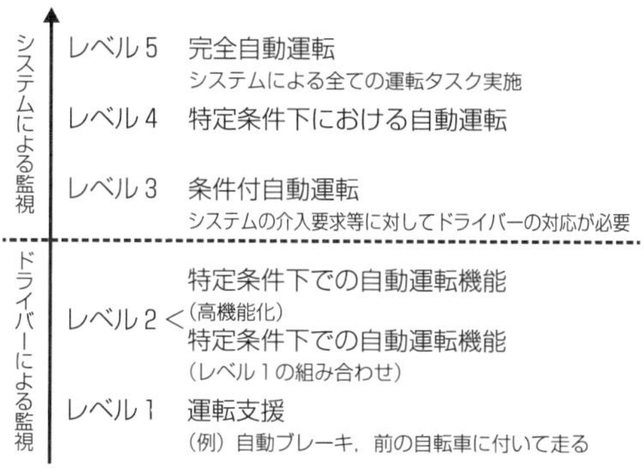

システムによる監視

レベル5 完全自動運転
　　　　システムによる全ての運転タスク実施
レベル4 特定条件下における自動運転
レベル3 条件付自動運転
　　　　システムの介入要求等に対してドライバーの対応が必要

ドライバーによる監視

　　　　特定条件下での自動運転機能
　　　　（高機能化）
レベル2 ＜
　　　　特定条件下での自動運転機能
　　　　（レベル1の組み合わせ）
レベル1 運転支援
　　　　（例）自動ブレーキ，前の自転車に付いて走る

図 6-6　自動運転のレベル分け

出典：国土交通省「自動で車線変更を行う自動ハンドル操作に関する国際基準が新たに成立！」（添付資料別紙3「自動運転のレベル分けについて」）〈http://www.mlit.go.jp/common/001226541.pdf〉（最終閲覧日　2018年11月11日）をもとに筆者作成.

　国土交通省は，2017 年に「中山間地域における道の駅等を拠点とした自動運転サービス」として，人流・物流を確保するために 2020 年までの自動運転サービスの実装を目指している．この実験では，2018 年 8 月までに滋賀県大津市や長野県伊那市，徳島県三好市など，全国 18 か所の道の駅等で実証実験が行われており，道の駅等を地域の拠点として，地域住民の役所や病院への移動ニーズに対応しようとする試みが行われている．

　「道の駅等を拠点とした自動運転サービス」以外にも，石川県輪島市において自動運転のゴルフカートを導入した新交通システムが運行されており，公道の一部区間の自動運転を実施している[19]．主に観光客や地域住民の足としての役割を果たしており，商品やサービスへの「ラストワンマイル」を確保するものとして，他地域でも導入や本格的な運行が期待される．

　2017 年 10 月には，首相官邸において「自動運転に係る制度整備大綱サブワーキングチーム」が立ち上げられ，2018 年 4 月には高度情報通信ネットワーク社会推進戦略本部・官民データ活用推進戦略会議によって「自動運転に係る制度整備大綱」が報告されている．この大綱では，自動運転車の安全確保や交通ルールの在り方が検討されており，自動運転車の市場化にあたっての「自動車の運転により人を死傷させる行為等の処罰に関する法律等」の検討も含まれ

ている.

　ただ，こうした法整備等が行われたとしても，交通事業従事者の労働機会を略奪する可能性や，責任主体の所在の不明確性は解決すべき課題として残されているといえよう．また，日本においては地震や台風，豪雨などによる環境／気象条件変化のリスクもあるため，他の導入国や地域と比べても，特に無人での自動運転実装は困難を極めるものと考えられる．したがって，自動運転については技術開発と並行して，地域社会の受容性を確認することや適応条件の詳細な検討を行っていくことが求められている．

3.3.　国家戦略特区を活用した自家用有償旅客運送：兵庫県養父市　　　　「やぶくる」の取り組み

　国内では，ICT や自動運転技術の利活用している事例のほかに，国家戦略特区による道路運送法の特例を活用し，自家用有償旅客運送制度を拡充している取り組みもある．兵庫県北部に位置する養父市では，全国初の試みとして，地元タクシー事業者が中心となって NPO 法人を設立し，実質的にタクシー事業者が運行管理を行う自家用有償運送事業「やぶくる」を 2018 年 5 月より実施している（図 6-7）.

　実施主体は NPO 法人の「養父市マイカー運送ネットワーク」であり，運行区域は同市内の大屋地域と関宮地域に限定されている．運行日は 12 月 30 日～1 月 3 日を除く毎日で，午前 8 時から午後 5 時までの間に，市内のタクシー会社 3 社のいずれかに電話で配車依頼を行うこととなっている．なお，運賃については，初乗りが 2 km まで 600 円であり，以後 750 m ごとに 100 円加算を基準とされている[20].

　養父市の「やぶくる」は，第 4 章で取り上げた京丹後市の「ささえ合い交通」の事例と比較すると共通点も多い．15～20 名程度の地元住民がドライバーとなって，各々の自家用車を用いて送迎を行っている点や，事業の実施主体が NPO 法人である点も共通している．京丹後市と比較した際の養父市における取り組みの特徴としては，タクシー事業者が主体となって NPO 法人を設立し，運行にも関わっているという点が挙げられる．

　交通事業者と地域住民の協働という意味では，第 5 章で取り上げてきた神戸

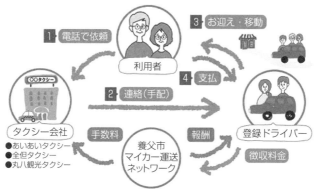

図6-7 新たな自家用有償旅客運送事業「やぶくる」イメージ図
出典：養父市ホームページ「新たな自家用有償旅客運送事業「やぶくる」（平成30年5月26日運行開始）」〈https://www.city.yabu.hyogo.jp/11753.htm〉（最終閲覧日 2018年11月7日）．

市東灘区住吉台の事例とも共通している．ただ，養父市の場合はタクシー事業者が対応困難な地域を，地域住民がサービス提供主体となって実践しており，本書でみてきた複数の事例と比較すると，ハイブリッドな事例と位置付けることもできよう．交通事業者と地域住民の協働のもとで，各アクターが「できること」や「できないこと」を棲み分けながら役割分担を行い，持続可能な移動手段を創出しようと試みている点は，他地域への実践的な示唆をもたらしうるものと考えられる[21]．

4．本章のまとめ

　欧州における取り組みであるが，MaaSは将来的に日本でもサービス展開が行われる可能性もある．ライドシェアやカーシェアというこれまで「私的な」交通とみなされる傾向にあったサービスも，MaaSの考えのもとではモビリティ・サービスとして包含し，従来の公共交通との組み合わせることで，より利用者主体の移動手段の構築が期待される．ただ，日本ではライドシェアやカーシェア，そしてレンタサイクルといった欧州では一般化しつつある新たなシス

テムの導入は遅れをとっている（積極的な見方をすれば，慎重な姿勢を示している）ため，今後もその動向を注視していく必要がある．

　ドイツ地方部における住民バスは，地元住民がモビリティのない弱者のために活動するという意味で，日本の過疎地や地方部に，積極的な示唆を与えうる．さらに，本書で取り上げてきたケーススタディともいくつかの共通点がみられた．具体的には，車内で募金箱が設置してあり，そこに利用客が各々の額の寄付をするという点では，玉城町「元気バス」と同様である．どちらも無料運行ということで運賃を取ることができない，ということも一つの事由であるが，国も地域も違えども，同様の方法が取られていることは興味深い．募金箱についてはやや細部の話になるが，運営全体をみれば，地域住民が主体的に関わっている点は，京丹後市の「ささえ合い交通」や神戸市東灘区住吉台の「住吉台くるくるバス」とも共通している．京丹後市ではすでに地域で活動を行っていたNPO法人「気張る！ふるさと丹後町」が運営・運行を担っているが，アルツベルク町でも同様に，住民バスの運行を担っているのは既存のボランティア組織である．

　こうした点から，地域において（交通に限定せず）広く課題解決等を目指す住民組織に，モビリティ確保の問題への取り組みを促すことも一つの方策であるといえる．もちろん，行政や交通事業者が地域公共交通のサービス提供に努めることは当然であるが，既述の通り，地方自治体や過疎地・地方部の交通事業者は苦境に立たされている．したがって，住民組織が主体的に活動をしながら，行政の財政支援や事業者のシステム支援を促していくことも，これからの地域公共交通の方策として考えられるであろう．

　　謝辞　本調査にあたって多大な協力をいただいたライプチヒ大学東アジア研究所日本学科
　　　　　常勤講師・博士後期課程の Felix Jawinski 氏，アルツベルク町長 Holger Reinboth 氏，
　　　　　地元のボランティア団体 "Ostelbien-Verein" のメンバーである Ronald Weidner 氏，
　　　　　Manuela Kurdyban 氏に深く感謝申し上げたい（所属・役職等は 2017 年 8 月時点）．

注

1)　DAIMLER "CASE — Intuitive Mobility"〈https://www.daimler.com/case/en/〉（最
　　終閲覧日 2018 年 11 月 11 日）．

2) MaaS ALLIANCE "What is MaaS?"〈https://maas-alliance.eu/homepage/what-is-maas/〉（最終閲覧日　2018 年 11 月 6 日）.

3) Jittrapirom, P., V. Caiati, A.-M. Feneri, S. Ebrahimigharehbaghi, M. J. Alonso-González, and J. Narayan（2017）"Mobility as a service: A critical review of definition, assessments of schemes, and key challenges," *Urban Planning*, Vol. 2, No. 2, pp. 13-25.

4) 総務省「次世代の交通　MaaS」〈http://www.soumu.go.jp/menu_news/s-news/02tsushin02_04000045.html〉（最終閲覧日　2018 年 9 月 1 日）.

5) Hensher, D. A.（2017）"Future bus transport contracts under a mobility as a service（MaaS）regime in the digital age: Are they likely to change?," *Transportation Research Part A*, 98, pp. 86-96.

6) Jittrapirom, P., V. Caiati, A.-M. Feneri, S. Ebrahimigharehbaghi, M. J. Alonso-González, and J. Narayan（2017）"Mobility as a service: A critical review of definition, assessments of schemes, and key challenges," *Urban Planning*, Vol. 2, No. 2, pp. 13-25.

7) Hensher, D. A.（2017）"Future bus transport contracts under a mobility as a service（MaaS）regime in the digital age: Are they likely to change?," *Transportation Research Part A*, 98, pp. 86-96.

8) Dovey-Fishman, T.（2012）"Digital-Age Transportation: The Future of Urban Mobility," *Deloitte University Press*, pp. 1-42.

9) moovel Web サイト〈https://www.moovel.com/de/en〉（最終閲覧日　2018 年 11 月 7 日）.

10) 本調査は，ライプチヒ大学東アジア研究所日本学科常勤講師・博士後期課程の Felix Jawinski 氏による通訳のもとで，アルツベルク町の町長 Holger Reinboth 氏と，地元のボランティア団体 "Ostelbien-Verein" のメンバーで運転手を務める Ronald Weidner 氏，Manuela Kurdyban 氏を対象に，インタビュー調査を行ったものである（いずれも所属は 2017 年 8 月当時）.

11) Schiefelbusch, M.（2013）"BÜRGERBUS — THE（POTENTIAL）ROLE OF CIVIL SOCIETY IN SECURING MOBLITY FOR LOW-DENSITY AREAS," *Proceedings of the 1ˢᵗ EURUFU Scientific Conference*, pp. 23-34.

12) 正式名称は "Verein zur Bewahrung und Förderung des ländlichen Raumes Ostelbien im Landkreis Nordsachsen e.V." であり，直訳すると「ノルトザクセン郡オストエルビエン地方の田舎光景の振興と保存する団体」を意味する.

13) この車両は，60 人の技術者が年に 120 台しか作らないものであるという．なお，フォクトランド（Vogtland）郡では 10 台の住民バスが必要となり，現在（2017 年 8 月時点）製造中であるが，大量生産ではないため，多くの台数を製造するのは困難を極めるであろうということであった.

14) 久万明子（2010）「社会の原点への回帰を実現する「多世代の家」」『ニッセイ基礎研

REPORT　4月号』，ニッセイ基礎研究所，34-37頁.

15)　国土交通省「第1回　都市と地方の新たなモビリティサービス懇談会　議事概要」〈http://www.mlit.go.jp/common/001258841.pdf〉（最終閲覧日　2018年10月29日）.

16)　ソフトバンク株式会社プレスリリース「ソフトバンクとトヨタ自動車，新しいモビリティサービスの構築に向けて戦略的提携に合意し，共同出資会社を設立」〈https://www.softbank.jp/corp/group/sbm/news/press/2018/20181004_01/〉（最終閲覧日　2018年11月7日）.

17)　小田急電鉄株式会社・株式会社ヴァル研究所「自動運転バスの実証実験にあわせてMaaSトライアルを実施～江の島を走る自動運転バスのご予約など，移動が快適になるサービスを提供します～」〈https://www.odakyu.jp/news/o5oaa1000001bwl9-att/o5oaa1000001bwlg.pdf〉（最終閲覧日　2018年11月7日）.

18)　東京急行電鉄株式会社　東京都市大学　株式会社未来シェア「東急線沿線で，日本初の「郊外型MaaS実証実験」を実施——「サステナブルな街づくり」に向けた，さまざまなモビリティサービスの提供を目指します——」〈http://www.tokyu.co.jp/image/news/pdf/20181031-1.pdf〉（最終閲覧日　2018年11月8日）.

19)　輪島商工会議所「次世代交通対策事業　WA-MO（ワーモ）運行案内」〈http://wajimacci.or.jp/ecocart/?page_id=240〉（最終閲覧日　2018年8月31日）.

20)　やぶくるホームページ「やぶくるについて」〈http://yabu-mycar-unsounet.com/aboutus/〉（最終閲覧日　2018年11月7日）.

21)　兵庫県養父市の事例については，公益社団法人日本交通政策研究会の助成を得て2018年8月に実地調査を行っているが，この詳細については別途報告書等で稿を改めて述べたい．ここでの説明は，インターネット等で得られた資料をもとにした記述に限定している．

第7章
交通と社会学
―― 理論的示唆の導出 ――

　前章では近年の国内外におけるモビリティ確保の事例を概観してきた．本章では，補足的に「交通と社会学」に関する諸研究を参照しつつ，複数のケーススタディをふまえた理論的示唆の導出を試みる．特に，第2章では交通を対象とした地域社会学研究やモビリティ論に関する整理を行ってきたが，本章前半ではこれらを補強する形で，交通と社会学に関する先行研究とその論点を抽出し，本章後半では社会学や周辺領域への学問的示唆の導出を試みる．

　具体的には，第1節では「交通と社会学のフロンティア」として，社会学は交通をどのように扱ってきたのかという歴史的な文脈を整理し，交通を対象とした社会学研究の果たす役割についても検討していく．続く第2節では，事例から得られうる社会学的な示唆として，① モビリティの発展と時間概念の変容，② モビリティ確保と社会的包摂，③ 地域公共交通におけるローカル・ガバナンスについて詳述する．第3節では，交通研究及び周辺領域への学術的示唆の導出として，第2章で整理してきた交通研究への応答を試みる．

1．交通と社会学のフロンティア

　これまでの社会学研究において，交通を対象とした研究は決して多くはなされてこなかった．もちろん，第2章でもみてきたように，地域社会学の視点から移動・交通問題を扱うケーススタディや，運転者間の相互作用を社会学的に分析してきた研究は存在しているが，いわゆる連字符社会学として「交通社会学」なるものが一般化されているとは言い難い．

　そこで本節では，社会学は交通をどのように捉え，アプローチしてきたのかを概観し，なぜ「交通社会学」という学問が一般化されるに至っていないのか，調査研究の変遷から整理を行い，その上で社会学のどのような分析視角と手法

が既存の交通研究に学問的貢献をしうるのか検討する.

1.1. 社会学からみた交通

社会学小辞典を参照すると，「交通」とは，「さまざまな諸個人が特定の社会的形式において相互に物質的・精神的に交わり通ずること」とされている.さらに，交通には「物質的交通」（諸個人が相互に交渉＝交通しあう過程）と「精神的交通」（諸個人が自立的人間として相互にその意思を疎通＝交通する過程）の二つがあるという.

また，同じく社会学小辞典で「交通問題」として例示されているのは，道路開鑿，混雑緩和，空路開設，交通事故や騒音，排ガスによる大気汚染である.伝統的な社会学研究を概観すれば，上述のような交通分野における諸問題に「間接的に」関与してきたと捉えるのが妥当であろう.たとえば産業社会学は，自動車や交通関連の産業の生産性や，労使関係などを対象にしてきており，環境社会学や都市社会学も，自動車公害や都市スプロールといった事象を守備範囲としてきた.

しかし Urry（2000＝2015）は，社会学が自動車とその社会的影響について詳細に検討してこなかったことを指摘する.具体的には，産業社会学，消費社会学，都市社会学という三つの下位分野において，たとえば産業社会学においては，「自動車の大量生産がいかに社会生活を変容させてきたのかという点について十分に検討がなされていない」（Urry, 2000＝2015: 104）としている.

たしかに，自動車を主題とした社会学研究を概観すると（第2章で参照したアーリらの自動車移動に関する研究を除けば），自動車産業における労働者や労働環境，産業組織などに関するものが主流を占めてきた.アーリの説明に従えば，自動車の普及によってたしかに多数の人々に「移動の自由」なるものが与えられ，地点間の移動が円滑になり，そしてどこへでも行ける（ように思える）反面，たびたび述べてきたように，クルマや運転免許を持たない人々（しかも，それは決して少数派ではない）のモビリティは，誰が確保していくべきであるかという大きな問題が残されてきた.

こうした文脈で，第2章でも言及した地域社会学などの分野から，そうしたモビリティの問題の実態把握や社会構造の解明が試みられ始めている.もっと

第7章　交通と社会学　*163*

も，これまでに試行されてきた「交通社会学」の理論構築に際しても，実態に迫る調査研究や，あるいは既存の社会学理論の援用が行われてきたが，以下ではこうした交通と社会学に関するいくつかの論考を参照し，その論点を整理していく．

1.2.　社会学は交通問題にどのようなアプローチを行ってきたか

De Boer (1986) は，交通社会学（Transport Sociology）が提唱された際，早期の意味合いは比較的狭い範囲での交通について扱うものであったと説明する．具体的には，道路上での運転者の振る舞いや，交通規則及び処罰等の制度による制約，運転者／所有者の機能などが挙げられる（De Boer, 1986: 8）．あるいは，伝統的な社会学でも取り上げられてきた「逸脱行動」についても交通社会学の文脈で語られており，道路上での一般的な振る舞いや，予想外な交通環境での運転者やライダーの側での反応と，他者との協力の必要性などが含まれる[4]．

とはいえども，交通工学や交通経済学という膨大な研究蓄積と比較すれば，社会学の果たしてきた役割は微々たるものともいえよう．遡ると，とりわけ欧米諸国では，1950年代の交通量増加の影響による「交通問題」は主に交通安全上の問題であり，その後の1960年以降は「キャパシティ」が問われてきた．また，先のDe Boer (1986) によれば，インフラの拡大にあたっての限られた資金を十分に活用するための信頼性の高い需要予測が求められ，広範にわたる地域での「交通発生（trip generation）」の予測にのみ努力が向けられてきたことから，社会学者が交通分野に関与してくることはほとんどなかったという[5]．

国内における交通を対象とした社会学研究を概観すると，たとえば鈴木 (2011) は，高齢ドライバーを対象として交通社会学的視点から研究を展開しているが，それによれば，交通社会学は「運転的特性や社会的特性を重視する」ものであり，とりわけ交通安全教育という文脈では高齢者を画一的なものではなく，様々な生活・交通環境に置かれていることを前提とすべきことを指摘する[6]．ただ，ここでは交通社会学とはいかなる学問であり，どういった研究視角からアプローチするのかについては詳述されていない．

また，大久保 (1983) は『交通社会学』の中で，1970年代にモータリゼーションが進展する中でのクルマ社会批判をやや冷静に見ながら，交通社会学の概

念に言及している．それによれば，交通は分野横断的であり，人間の暮らしに関わる現象とともに存在し，「その本質について考え，また多くの交通現象を解明し，人間との関係はもちろんだが，そこに含まれるもろもろの現実をチェックして，その中から法則性を導こうとする」（大久保，1983: 19）ものが交通社会学であると説明する．

　以上のことから，交通と社会学は分野横断的かつ人間の社会生活のあらゆる場面で関わってくるものという意味で，一定の親和性があるといえるかもしれない．その反面，交通と社会学の扱う範囲が非常に広く，かつ曖昧であるという側面もあり，こうしたことから「交通と社会学」の定義が容易でないことも事実である．さらには，交通を対象とした社会学研究の中で「交通社会学」といわれる学問領野に関する定義がやや抽象的であることも，連字符社会学として確立されるに至っていない要因の一つといえるかもしれない．

　一方で宝田（2012）は，従来の交通研究では社会的文脈や地域の文化，あるいは当事者の論理などの観点がほとんど考慮されていないことを指摘している．さらに，これまで交通研究の考察の対象とされてこなかった住民運動が社会変革に与える影響や，住民の意識変容などの課題に対して，そうした主題を扱ってきた社会学が貢献できる部分は大きいと述べている[7]．ただ近年の交通研究においては，交通工学と交通経済学ではともに実態調査や住民アンケートに基づく実証研究が展開されており，社会学が果たしうる役割があまり明確化されていないようにも考えられる．

　第2章でも参照した室井（2009）や田代（2011）がいうように，たしかに交通問題の実態把握や交通の社会的な側面に目を向けられるのは社会学であるが，それをどういった手法で，どのような分析視角からアプローチすべきかについては曖昧な点が残されている．そうした意味では，齊藤（2012）のように「HOWの問い」と「WHYの問い」という二つの柱立てを行い，従来の交通研究で取り組まれてこなかった後者の立場から調査研究を展開するという方法は，交通を主題とした社会学研究に対する含意のあるものといえる．

1.3. 交通を対象とした社会学研究の分析視角と手法

　大坪（1973）は社会学者による交通や輸送の研究があまり行われていないこ

とについて,「人や物の二地点間の移動という,社会過程としての現象にすぎ
ず,種々の集団や組織の,構造や機能に注目することを本旨とする社会学者た
ちにとって,こうした人や物の空間移動など,さして重要な関心事とはならな
かったからだと考えられる」(大坪,1973: 36)と説明する.その上で,交通に
対して社会学的に切り込む研究視角として,以下の3点を挙げている.[8]
(1)いかなる人や集団・組織が,その生活上・経営上,いかなる交通・輸送を
　必要としているか
(2)いかなる人々や組織によって,いかなる交通手段・輸送手段が用意提供さ
　れているか
(3)その必要とされる交通・輸送は,いかように充足されているか

　特に(1)については,交通や輸送をある地点の交通量や輸送量という「単なる
量」で把握するのではなく,多様な個人や個々の家族,経営体,行政組織等が
どのような交通を必要としているかを「生活や経営に即して捉えようとする」
としており,こうした指摘は交通と社会学の研究を展開する上で非常に有益な
示唆を持つものと考えられる.とりわけ,本書を通して射程としてきたのは自
家用車や運転免許を持たない,かつ公共交通が希薄な地域に住む人々であるが,
そうした属性や人々の置かれる社会環境を踏まえて調査研究を展開するのは,
社会学ならではの視点といえるかもしれない.

　上記(2)についても,本書のケーススタディでみてきた多様化するアクターに
関する議論と共通する点である.すなわち,いかなる人々や組織によってとい
う視点から地域公共交通の展開を概観すると,そこには従来の自治体や交通事
業者のみならず,社会福祉協議会やNPO法人,住民組織といった新たなアク
ターが参画していることがわかった.それだけでなく,新たなアクターが地域
公共交通を展開することによって,政策間連携や住民参加,事業者と住民との
協働といった他地域への含意があることも確認してきた.

　他方,交通を対象とした社会学研究の手法について大坪(1973)は,① 歴史
的研究,② 地域的研究,③ インテンシヴな事例調査,④ 地域社会への影響分
析という4点を挙げている.たとえば②については,村落や都市を対象とした
社会学研究の中で,交通や輸送が周辺的に扱われてきたことに言及しつつ,地
域類型別にも交通や輸送の研究が必要であることを指摘する.[9]また,③につい

ては，都市交通工学におけるパーソントリップ調査を引き合いに出しながら，個々人がどのような生活の中で，その交通を必要としているのかまでは捉えきっていないことに言及している.

　こうした大坪（1973）による指摘であるが，調査手法や交通研究の発展によって解決されている点もあるものの，「誰のための交通であるか」という点について，それも「単なる量ではない」視点からアプローチを試みようとする点は，今後の交通を対象とした社会学研究に学問的示唆を与えうるものと考えられる. とりわけ，地域公共交通の政策を考える際，人口減少で税収減が進行する中で，自治体等の運行主体は，利用者の少ない場合には路線廃止や便数の減少という対応をとらざるを得ない状況にある. ただ，その路線を廃止することによって地域住民の買い物や病院といった日常生活がどのように変化するのかについては，やはり既存の交通研究ではそれほど重視されてこなかったといえよう.

　一方で，交通を対象とした社会学研究の果たす役割があるとするならば，それは交通の実践や政策からとりこぼされる人はいないのか，あるいは誰が排除されうるのかという視点を提供することであろう. 加えて，視点の提供のみならず，生活者という目線から交通問題にアプローチすることによって，地域社会で日常生活を送る上での「基盤」としての交通の役割を再定義しつつ，公共交通の運行が困難な場合にはそのオルタナティブとしてのモビリティ確保策を提案していくことが求められるといえよう.

2．事例から得られうる社会学的な示唆

　以上の交通と社会学に関する諸研究の整理から，本節では事例から得られうる社会学的な示唆として，第1にモビリティの発展と時間概念の変容，第2にモビリティ確保と社会的包摂，第3に地域公共交通におけるローカル・ガバナンスについて詳述していく.

2.1.　モビリティの発展と時間概念の変容
　デマンド交通やライドシェア，自家用有償運送などのシステム的な側面や運

賃，補助体系に関しては，すでにみてきたように交通工学や交通経済学の分野からアプローチがなされているが，交通分野において「後発」の社会学は，地域公共交通をどのような視座から捉えることができるのであろうか．ここでは，特にデマンド交通やスマートフォンアプリを用いた自家用有償運送等の展開における「時間」概念の変容という観点からみていきたい．

　第2章の後半で中心的にみてきたアーリのモビリティに関する議論の中で，鉄道やバスによる移動を「19世紀的な」公共移動のパターンであるとアーリは説明している．19世紀は，私的な移動が鉄道や馬車によって構造化され，鉄道移動システムは高度に機械化されたが，こうした中で，アーリは時間や時刻表，タイムテーブルについても議論を展開している．

　アーリが「鉄道交通の加速化は，既存のローカルな時間の寄せ集めがグリニッジ標準時に置き換えられることを意味していた」（Urry, 2000＝2015: 100）と説明するように，交通システムの高度化と時間概念の変容には少なからず密接な関係性が存在している．アーリの議論の中においては，一方では「時は金なり」，つまり時間を無駄にしないことがコストを抑制し，効率性が高まるという立場と，他方では，緩やかに流れる時間を心地よく感じ，それを望ましい社会的営為とする立場を対置して捉えている（Urry, 2000＝2015: 190）．また，鉄道の発展による時刻表の作成は，「クロック・タイムの力を軸に据えた新たな時間管理体制の始まりをなした」（Urry, 2007＝2015: 148）とされており，従来の「カイロス時間（意味時間，人間的に感じる時間）」がクロック・タイムに置き換えられていったことを指摘する[10]．

　ただ，既述の通り自動車の登場によってこうした「時間」概念は再び変容を見せる．自動車があれば，乗り継ぎの煩わしさもなく，さらには時刻表に沿って生活する必要もほとんどない，自由な移動が実現可能となった．アーリのいうように，自動車のシームレスさが鉄道や路線バスを「フレキシビリティに欠けた断片的なもの」（Urry, 2005＝2015: 47）へと変えてしまったのである．自動車のフレキシビリティやシームレスさは，「個々人の時間が互いに脱シンクロ化されること」（Urry, 2007＝2015: 182），「つまり公的な時間割にはもはやしたがわない」（同上）ことを意味しているのである．すなわち，自動車の登場は，鉄道によって作られた公的な時刻表とは全く異なる時空間を作り出してきたと

もいえる.

さて, 本書の事例研究でみてきたデマンド交通やスマートフォンアプリを用いた自家用有償運送は, すでにみてきたように, 時刻表を持たなければ, 1分1秒を争って生活する人々のような都市的な高速性もない公共交通である. 厳密に言えば, 安曇野市と丹波市のデマンド交通 (タクシー) は「○○時便」という設定があるが, これは時刻表ではない. 玉城町「元気バス」や京丹後市「ささえ合い交通」の事例でも, 予約があれば配車するという形態で, 利用者は時間に束縛されることはなく, おおよそこの時間帯に買い物や病院に行きたいと思えば, 予約をすれば良いというシステムである.

繰り返しにはなるが, 自動車によってもたらされたフレキシビリティとシームレスさは, 公共交通の時刻表, あるいは時間の概念を変容させた. デマンド交通やデマンド交通やスマートフォンアプリを用いた自家用有償運送は, 自動車の登場によって「脱シンクロ化」された時間の中で生活を送る (送ってきた) 人々にとっては, 親和性の高い交通形態であるともいえよう.

地域公共交通の「時間」の側面をみる際に, 「速さ」も同時に鍵概念として挙げられる. 昨今の次世代型交通を概観すれば, リニア (中央新幹線) や「空を飛ぶタクシー」などに注目される傾向にあるが, これらは目的地までいかに速く, 効率的に行くことができるかを追い求めていることに主眼が置かれている. 先のアーリの議論に従えば, こうした「速い交通」は, 時間を無駄にしないことで効率性を高める「時は金なり」の考えに基づいているといえよう.

その一方で, 交通専門誌である「運輸と経済」(交通経済研究所 [旧運輸調査局] 発行) の 2015 年 1 月号では「遅い交通」が特集されている. 羽藤 (2015) によれば, 「遅い交通」の概念は, サルコジ政権時代のパリ広域都市計画の中で提起されたものであり, TGV (高速鉄道) や都市内高速鉄道等の「速い交通」を補完するものとして捉えられた. 同誌の中では主に都市内の遅い交通のあり方が議論されていたが, 地方部においても, 本書のケーススタディでみてきたように, 鉄道等の速い交通を補完しうることがわかっている. また高齢者等の住民のライフスタイルという視点からみれば, 先述したように, 全員が一刻を争って生活しているわけではないため, 地方部における「遅い交通」がこうした人々のニーズに応えうるということも十分に考えられる.

以上のように，ここではモビリティの発展と時間概念の変容に関する整理として，先行研究から「時間」や「速さ」に着目して考察を行ってきた．ただ，生活者の視点から自動車を利用していた際と公共交通を利用する際の時間感覚の違いや，移動手段に対して求めている「速さ」に関しては，仮説的な段階にとどまっているため，今後の詳細な地域調査から理論の構築等を試みたい．

2.2. モビリティ確保と社会的包摂

ここでは，伝統的な社会学研究でもその主題として取り上げられてきた社会的包摂（あるいは，社会的排除）をモビリティ確保の文脈から検討していく．特に，わが国では社会的排除と包摂を考える際，移動や交通との関連で捉えられることが少ないが，英国では，「社会的排除と交通」に関する議論が積極的に行われ，その考えが政策へと反映されてきた．以下ではいくつかの先行研究を概観しつつ，本書のケーススタディから得られうるモビリティ確保と社会的包摂への示唆について検討していく．

Church et al.（2000）は，英国における社会的排除の交通に関する既存文献の整理から排除の要因として，① 身体的排除，② 地理的排除，③ 公共施設からの排除，④ 経済的排除，⑤ 時間に基づく排除，⑥ 恐怖に基づく排除，⑦ 空間的な排除という 7 つを挙げている．たとえば⑤について具体的にみていくと，社会的排除の傾向がある社会集団の介護者は，特に，移動性の決定における時間によって制約を受けることが指摘されており，育児を手配する問題はしばしば移動の必要性と関連していると説明する．

たしかに，本書でもこれまでモビリティに起因する生活問題や諸課題に言及してきたが，上述の 7 つの排除要因で説明できるものも多い．とりわけ，地理的排除と経済的排除など，複数要因の重層化による移動の困難性や，それによる生活レベルの低下，あるいは解決方策が見出されないことによる問題の連鎖といったことが想定される．また高齢ドライバーという文脈では，高齢者でも普段の移動手段がクルマであるという人々は，客観的にみれば運転免許も自家用車も保有しているため，被排除者には含まれないかもしれない．一方で，可視化されにくい判断機能の低下や，生活環境に公共交通の基盤が欠如しているがゆえに運転を強いられる場合には，「排除された」状態であるともいえよう．

同様に，英国での社会的排除と交通に関する研究において Lucas（2012）は，こうした課題解決のための万能薬はないことを指摘しつつ，公共交通は解決策の一部を提供することができるが，主流のサービスを補完するために，より柔軟な（しばしば非公式な）輸送サービスの他の形態が必要される可能性がある（Lucas, 2012: 112）と説明する[11]．このような文脈では，本書のケーススタディでみてきたデマンド交通や自家用有償運送，あるいは第5章でも言及したような，ゴルフカートや電気自動車などのスモール・モビリティの活用も，公共交通を補完する方策として位置付けられうるであろう．

　さらに，モビリティ論でも引用してきたアーリは，バスが運行されることによって運行以前には顕在化されなかった高齢利用者のニーズが明らかになったことにも言及している（Urry, 2007＝2015: 286）．施設にいる配偶者を訪ねる，カフェに行くなど，高齢利用者たちは多くのニーズを有していることが確認されたとした上で，『バスがなければ「排除された」ままであった人々がどの程度のアクセスをしようとしているのかは，そうした潜在的な需要を「実現」する新たなインフラができることで，はじめて明らかになる場合もある』（同上）と述べている．

　本書で取り上げてきた事例に再び目を向けると，たとえば第3章の社協の取り組むデマンド交通の事例では，制度・政策の狭間に陥りうる高齢者にアプローチしているという点で，ニーズが潜在化しにくい仕組みを構築しているともいえよう．つまり，あらかじめ生活に根ざした移動手段を整備しておくことにより，起こりうる社会的排除を未然に防いでいるともいえる．もちろん Lucas（2012）のいうように，社会的排除対策として万能薬となりうるものを提示することは困難であるが，しかし可能な限り被排除者を減少させることや，排除要因の断定による解決方策の検討といったことが，複数のアクターによる議論のもとで求められるものと考えられる．

2.3.　地域公共交通におけるローカル・ガバナンス

　ここでは，地域公共交通におけるローカル・ガバナンスの方策について，事例から簡潔に整理を行っておきたい．新たな公共交通アクターとしての社協やNPO 法人が，後述の「ガバメントの失敗」に対してどのように対応してきた

のか，改めて捉え直すことで，実践的・政策的示唆の導出を試みる．

　吉原（2008）はガバナンスを，新たな統治様式であり「新たなアプローチの方法／問題を問い込み，ビジョンを提示する方式である」と説明する[12]．さらに吉原（2008）は，法と社会の間のギャップの拡大に由来する「正当性の欠損」と，「有効性の欠如」という形で，ガバメントの失敗が現れており，これをローカル・レベルからどう捉え直すかという論点を提起している．本書で中心的に扱っている公共交通を取り巻く諸々の課題も，ガバメントの失敗と言い切るにはより詳細な議論が必要であるが，しかしながらローカル・レベルから捉え直す必要に迫られているといえる．

　社会的包摂，あるいは積極的包摂の観点からローカル・ガバナンスについて整理している石田（2016）は，福祉・雇用政策の関連において，ナショナル・レベルよりもローカル・レベルが政策決定や実施において重要となる根拠として，サービス受給者のニーズの個別性，具体性を考慮する必要があることを指摘している[13]．こうした指摘から三重県玉城町や長野県安曇野市の事例をみれば，デマンド交通というシステムがニーズに応答してきた部分もありながら，社協というアクターが住民個別の，あるいは具体的なニーズに，運行開始以前／以後を含めて，総合的に対応してきたといえよう．

　住民の主体性を引き出すことを考える際，一方的に住民の意見を聞き入れるのではなく，自治体や交通事業者等のアクターが地域住民と関わり合いを持つことが必要とされる．ローカル・ガバナンスについては森田（2005）が三つの問題として大別しており，①住民参加のもと民主主義が機能するか，②自治体単位で必要な事業を自前で推進できる能力があるか，③事業に必要な資金を集められるか，としている．また森田（2005）はとりわけ，自前で資金を賄い，自立した形でガバナンスが成立するかについては，大都市以外では不可能であるとしている．

　このような議論をふまえた上で，地域公共交通のローカル・ガバナンスについては，「専門知」をどのように結集させていくかが重要になってくるものと考えられる．たとえばバスの運行・運営については交通事業者，地域の生活問題については社協や民生委員というように，専門性の高いアクターに任せながら，これらのアクターを行政が結集させていくということも必要とされるであ

ろう.

当然，その際に行われる議論の中で優先されるべきは「住民視点」であるといえよう.「誰が，どのような公共交通を求めているか」という顕在的／潜在的なニーズを掘り起こすことは，これまでの中心的なアクターであった交通事業者や自治体には困難だった部分も，社協や町内会，自治会等の住民に近い，そして住民を中心に構成される組織にはその可能性が十分にある.

2000年代のコミュニティバスのブームを振り返ると，住民視点は軽視されてきた傾向にあるともいえる.改めて振り返れば，コミュニティバスの運行意義は「交通空白地域」を埋めることであって，住民の移動のニーズを満たすことではなかったとも考えられる.そして近年では，デマンド交通やデマンド交通やスマートフォンアプリを用いた自家用有償運送など，再び代替的な地域公共交通の議論が行われつつある.

また自治体のいわゆる「縦割り行政」の弊害は，地域公共交通の文脈でしばしばみられる.医療や教育，福祉といった諸政策の基盤であるはずの交通であるが，独立採算原則によって，交通政策単独で捉えられることが多い.しかし，たとえば生活福祉に関わる部課と地域政策に関わる部課がパートナーシップを組んで交通事業を行っていくなど，自治体内でも連携をとっていくことが必要とされるであろう.

もちろん，すでに他の部課と連携を取りつつ公共交通政策の構築に努めている地域も多くみられるが，ローカル・レベルのみならず国・政府レベルでも政策間の連携は強く求められるものと予想される.特に，買い物弱者問題については経済産業省，自治体による政策連携については総務省といったように，国土交通省だけでなく複数の省庁が横断的に議論を行い，市民・住民の生活実態に即して政策展開していくことが必要となる.

3．交通研究及び周辺領域への学術的示唆の導出

ここでは，第3章から第6章でみてきた多様なアクターによる実践が，第2章で整理してきた先行研究にどのような学術的示唆を与えうるのか，改めて検討していく.特に，第2章での整理に従い，地域公共交通に関する研究，モビ

リティ確保を主題とした研究，そして本章での整理も含めた社会学的研究という3つに分けて述べていく．

3.1. 地域公共交通に関する研究

既述の通り，規制緩和が地域公共交通衰退の直接的な要因となっているわけではないが，象徴的な事象の一つとして位置付けられ，それまで地域住民の身近にあったバスや鉄道が失われ，地域住民自身が自らのモビリティ確保を考えていく必要に迫られた．交通まちづくりや政策的視点の文脈でも，地域住民の役割が問われながら，要求するのみではなく政策立案への参画や，自らが公共交通に携わるケースがあることも確認してきた．

本書でも，第4章で取り上げてきた京丹後市「ささえ合い交通」や，第6章のドイツにおける住民バスの実践では，地域住民が主体的に活動し，前者ではまさに住民同士が支え合いながら，モビリティ確保に努めており，後者では行政や地元企業のバックアップを受けつつ，バス運行を通じた住民の交流活性化等が行われてきている．こうした意味では，これらの事例は，西村（2007）のいう市民の賛同と協力が実践されている事例として位置付けることもできよう．

地域公共交通の政策的視点に関する整理では，地域住民の参加や主体的な活動が求められる中で，自治体や交通事業者も住民に対して声を聞き入れる場所や機会，プラットフォームの構築が必要であることを確認してきた．こうした意味では，第5章でみてきた「住吉台くるくるバス」運行における交通事業者（みなと観光バス株式会社）の取り組む住宅街での定期券販売は住民参画のプラットフォームの一つであるともいえよう．交通事業者が住宅街へ足を運び，定期券や回数券の販売を通じて，地域住民と忌憚なく意見を交わす新たな「場所」あるいは「機会」として位置付けることができる．

筆者の継続的な調査からはまた，定期的に利用するわけではないが，交通事業者との「付き合い」で定期券を購入する住民や，定期券販売の場に「遊びに来る」住民がいることもわかっている．こうした住民の行動については，さらなる詳細な調査・分析から学術的な示唆を導出していく必要があるが，これは今後の研究課題としたい．ただ，もちろん交通事業者に課される役割は，地域で安心・安全な運行を遂行することである．しかし，それだけではなく，交通

事業者の方からも地域住民に歩み寄り，生活ニーズを把握する場所や，胸襟を開いて話し合う機会を形成していくことで，協働に基づく交通の展開が可能となるものと考えられる．

　従来の交通研究では，こうした機会に着目してくることは少なかったが，本書において社会学的な視座から調査研究を展開した結果，交通事業者による示唆に富む取り組みであることがわかった．もちろん，従来のような地域公共交通会議や関連する協議会，ワークショップ等の場や機会は，住民が参加し，活動するプラットフォームとして引き続き，位置付けられていく必要はある．一方で，フォーマル／インフォーマルに関わらず地域住民が参加できる場づくりも，これからの地域公共交通に求められてくるであろう．

　定期券販売以外にも，第4章の「ささえ合い交通」や第6章の「住民バス」では，ドライバーとして住民が参加する様子を確認してきたが，こうした取り組みを契機として，住民の新たな協働が生まれる可能性も十分にあるといえよう．この点については，住民参加に関する理論の整理や参加のプラットフォームづくりに関する考察が十分にはできなかったため，今後の研究課題としたい．

3.2. モビリティ確保に関する交通権等を主題とした研究

　第2章では，モビリティ確保に関する学術的・実践的背景について整理してきた．とりわけ交通権をめぐる議論や社会運動に注目してきたが，モータリゼーションや国鉄分割・民営化と並行して，障害者等の交通弱者に対する移動・交通を保障する動きが強まってきた．1960年代後半から1970年代にみられた湯川（1968）や岡（1973）のような，自動車社会を批判する見解も近年ではあまりみられないが，既述のように問題が多様化，複雑化しているからといって当事者からの要求が小さくなっているわけではないことも，改めて述べておきたい．むしろ，高齢者からの移動の要求が認知症ドライバーによる事故や，買い物弱者問題という形で顕在化しつつあることを，いまふたたび深刻な課題として研究者や実践者が受け止めるべきであるといえよう．

　またこうした文脈では，社会福祉学や地域福祉に関する研究が，現代社会における地域の移動や交通という問題に正面から向き合わなければならないことも指摘しておきたい．とりわけ高齢者や障害者に関しては，「施設か在宅か」

という議論が行われてきた中で，移動はある意味で所与のものとして捉えられてきたといえよう．すなわち，自力での移動や家族，施設職員による送迎があるという前提で，諸サービスが展開されてきた．

　ただ，ドイツ「住民バス」をはじめとする本書で取り上げてきた事例でもみられたように，地域公共交通によって施設と自宅の往復だけでなく，行きたいところへ自由に行くことが可能になっていることも，改めて着目すべき点である．生活者やサービス利用者の立場から日常的な移動を考える際に「移動の可能性」，つまりモビリティを高めることが，QOL（生活の質）の維持・向上や社会的ネットワークの構築へとつながる可能性がある．

　すでに述べてきたように，社会福祉の制度・政策的な側面が，高齢者や障害者のモビリティを限定的なものにしてきた．第3章でも引用した真田是は，移動・交通問題には言及していないが，生活問題の多くが社会福祉の対象から行政的に外される，あるいは放置されることを，対象の「対象化」という表現を用いて説明している．具体的にみていくと，「現実の社会福祉の対象とされているものは，行政上の対象に据えられたものである．このほうは政策としての社会福祉が対象に設定したものであって，生活問題と表現する対象を政策的ねらいからさらに「対象化」したものである．この「対象化」は，対象をさらに限定したものにする」（真田，1997: 69）とされている．

　ここでいう生活問題の範囲には，本書でみてきた移動・交通の問題は間違いなく含まれているといえよう．真田（1997）の指摘から現在，移動・交通の問題が置かれている状況を考えれば，たしかに高齢者や障害者へのモビリティ確保の方策が構想され，実践されてきた．しかし，第1章でみてきたような制度・政策の狭間（あるいは「グレーゾーン」）にいる一般高齢者のモビリティ確保は誰が，どのように行うのかという大きな課題が残されている．先の真田の指摘に従えば，対象の「対象化」によって生まれた社会的課題ともいえよう．一方で，社会福祉の対象からこぼれ落ちる住民に対してモビリティ確保に努めてきたのが社協という，地域福祉的なアプローチを得意とするアクターであったことも，改めて興味深い点である．

　これらのことから，従来の社会福祉研究に対しても，とりわけ地域という文脈で，施設か在宅かという二者択一ではなく，モビリティを保障していくこと

が生活を豊かにする可能性を含んでいるという視点を提供することができるものと考えられる．またこうした文脈において，社会的包摂や社会的結束という観点からモビリティや交通を捉え直していくことが必要とされるが，この点については欧州の先進事例の動向等を確認しつつ，今後の研究課題としたい．

さて，本書で事例として取り上げてきた多様なアクターの取り組みは，交通権の時代に盛んであった社会運動とは異なるが，ある意味での社会的な運動（ムーブメント）として位置付けることもできよう．とりわけ自治体や交通事業者という従来のアクターではない，社協やNPO法人という新たなアクターによる国内での実践は，いずれも第1章でみてきたような地域公共交通の諸施策の帰結ではない．むしろ，制度や政策が機能不全に陥っているところで，地域の内部から内発的に立ち現れた取り組みであるともいえよう．

厳密にいえば，システム支援という側面からみると外部からの影響（たとえばデマンド交通のシステムやささえ合い交通の「ウーバー」アプリケーション）を受けてはいるが，しかし同じようにデマンド交通や自家用有償運送に取り組んで，一定の利用者獲得や地域活性化につなげている事例はそう多くはない．繰り返し述べてきたように，システムという基盤の上に，社協やNPO法人，住民組織といった多様なアクターによる実践，あるいは広義での「ムーブメント」を通じて，地域住民の共同を成り立たせているという点に着眼してきたことが，本書の特徴ともいえる．

3.3. モビリティと交通に関する社会学的研究

まず近年の地域社会学研究に対しては，単一の事例から地域公共交通の問題を捉えるのではなく，複数の事例から課題の検討と解決方策の提示を行っていく必要性を指摘したい．第2章でも述べたように，特に日本国内の社会学研究では移動や交通を主題として扱う研究は少なく，体系的に整理されたものや依拠すべき理論がほとんどないという点も，単一事例からの検討に終始していることにつながっているものと考えられる．もちろん，地域社会学という視点から調査研究を展開していることで，先行研究では交通とそれ以外の政策・実践との関わりを指摘しているという点で，むしろ従来の交通研究に積極的な示唆を与えうる．

繰り返し述べてきたが、齊藤（2012）のいうように交通分野における社会学は、いわば「後発」である。そうした中で、本書では公共交通アクターに着目して、地域公共交通の新展開とモビリティ確保の方策に関する調査研究を展開してきた。とりわけ社協やNPO法人、住民組織といった新たなアクターが参画しながら、従来のアクターにはない独創的な視点から実践が行われていることを確認してきた。その一方で、自治体や交通事業者という一般的な公共交通アクターも、その内部で取り組みの変化が起きていることもわかった。交通工学や交通経済学では明らかにしえなかった、あるいは対象としてこなかった公共交通アクターであるが、システムや採算性では説明が困難な場合の実践への評価という点で、新たな視点を付け加えるものと考えられる。

アーリらによるモビリティ論については、地域社会やコミュニティ、社会関係を「距離のあるもの」として捉え、複数の社会空間のあいだを移動し、入り込み、横断する中で人々のつながりや社会的な集まりが形成されているという視座は、従来の社会科学にも有益な学術的示唆があることを確認してきた。アーリのいうように、バスや鉄道という19世紀的な公共移動が終焉を迎えようとするのであれば、これからの公共移動はどのような形に変容していくのであろうか。

本章第2節では、時間概念の変容について考察してきたが、鉄道によるクロック・タイムに基づく公共移動はもはや、自家用車での移動に慣れた人々にとっては容易ではないかもしれない。そうした中で、本書では公的な時間割にはほとんど従わないような、デマンド交通やスマートフォンアプリを用いた自家用有償運送の取り組みが、地域での新たな共同化ともいえるような形で立ち現れていることがわかった。再びアーリの指摘に戻れば、自動車の歴史的な時代区分として、① 贅沢品ないしは高速の乗り物、② 家族／家庭用の乗り物、③ 個人が所有・運転する乗り物、④ 協同組合や企業が所有・「賃貸」する「脱私物化（脱私有化）」した乗り物（Urry, 2007＝2015: 416）というフローを提示している。

日本における現状を鑑みれば、「③ 個人が所有・運転する乗り物」に停滞しているようにも考えられる。人口が減少し、高齢化が急速に進行する中で、これからも自家用車は個人所有のモノとして位置付けられるのであろうか。そう

した意味では，ライドシェアやカーシェアが2000年代後半から行われている欧米諸国に比べて，日本は明らかに大きな遅れをとっており，新たなモビリティ・サービスに関しては経験が不足しているともいえよう．

　一方で，本書で取り上げてきた京丹後市「ささえ合い交通」や神戸市東灘区で実証実験が試みられた新型交通COSMOSのような新たな試みは，自家用車の「脱私有化」が実践されている具体事例として位置付けられる．特に，過疎地などにおいて地域住民が主体的に参加しながら，互助的にモビリティ確保に努めていることは，モビリティの社会学的研究にも新たな知見を付け加えるものと考えられる．また，こうした取り組みがソーシャル・キャピタル（社会関係資本）の醸成に関係するのか，あるいは社会的ネットワークの（再）構築にどれほど影響しているのか，さらなる調査から実証していくことで，新たなモビリティの社会学的研究の道筋を切り開いていくことが可能になるものと考えられる．

注

1) 濱嶋朗・竹内郁郎・石川晃弘編（2005）『社会学小辞典』（新版増補版）有斐閣.
2) 同上.
3) 同上.
4) De Boer, E.（1986）Transport sociology: social aspects of transport planning, in: De Boer, E.（ed.）*Transport Sociology*, pp. 7-18, Pergamon.
5) 同上.
6) 鈴木春男（2011）「高齢ドライバーに対する交通安全の動機づけ——交通社会学的視点——」『国際交通安全学会誌』Vol. 35, No. 3, 50-58頁.
7) 宝田惇史（2012）「交通を対象とした社会学的研究の意義と課題——鉄道の費用便益分析をめぐる問題を中心として——」『交通権』第29号, 71-82頁.
8) 大坪省三（1973）「交通に関する社会学的研究方法序説——地域研究を念頭において——」『茨城女子短期大学紀要』No. 3, 36-45頁.
9) 同上.
10) カイロス時間とは，岩村（2008）によれば，①チャンス，②正しい時（right time）という二つの意味を指し，物理的・量的計測可能な時間である「クロノス」とは異なる時間概念であるという.
11) さらにLucas（2012）は「社会的排除と交通」は，交通のみに焦点を当てた議題として残されることはなく，社会的に排除された人々の移動ニーズを満たすために必要な公

共交通のアクセシビリティ計画は，社会的責任を負う土地利用，住宅，健康，教育，福祉政策等と統合される必要性に言及している．

12) 吉原直樹（2008）『モビリティと場所　21 世紀的都市空間の転回』東京大学出版会．

13) 石田徹（2015）「積極的包摂と分権型ワークフェア・ガバナンス」『ローカル・ガバナンスとデモクラシー　地方自治の新たなかたち』法律文化社．

終　章
多様なアクターの参画によるモビリティ確保の方策

　本書では，クルマ社会の地域公共交通に関する研究として，多様なアクターの参画によるモビリティ確保の方策について論じてきた．序章でも述べたように，社協や NPO 法人，住民組織という新たなアクターが出現している一方で，従来のアクターともいえる自治体や交通事業者の役割を軽視しているわけではない．

　むしろ，こうした新たなアクターの出現を通じて，改めて地方自治体やバス，タクシーという既存の交通事業者の役割が現在，問われてきているものといえる．また，地域社会やモビリティ・サービスが動態的な変化を遂げている現代社会においては，地域公共交通を「再生」あるいは「再構築」を目指すというよりは，「新たな展開」として ICT の活用やライドシェア，カーシェアの導入を検討していくことも求められるであろう．

　しかしながら，社協のデマンド交通の事例にもみられるように，また地域住民の参加する事例でも述べたように，デジタルとアナログはある意味で「クルマの両輪」ともいえる．スマートフォンやタブレットの普及だけでなく，そうした ICT を使いこなせる世代が高齢層となってくる時代はそう遠くはないため，ますます技術が高度化し，それが新たな交通サービス／モビリティ・サービスに活用されていくことが予想される．そうした中で，社協の運行するデマンド交通や，京丹後市での「ささえ合い交通」の事例にもみられるように，新たなシステムを導入しながらも，それに依拠するのではなく，システムを扱うアクターが主体的に，かつローカルに活動していくことが求められるといえよう．

　またシステムという文脈では，自家用車やバス等の自動運転も今後の地域公共交通を考える上で重要な主題となってくるものと考えられる．住民の助け合いや支え合いさえ困難な，極端に過疎化の進行する地域であれば，自動運転こそ「最後の砦」と捉えられるかもしれない．自動車運転免許を返納した高齢者

にとっては，有益かつオルタナティブな移動手段となりうるであろう．ただ，第6章でみてきた MaaS 同様に，誰が，どのようなプロセスで自動運転のシステムを導入するのであろうか．

　自動運転の法制度に関する整備が課題として残されている一方で，地域社会というローカルな単位で考えれば，イニシアチブをとるのは自治体か，システム開発をした事業者か，住民自身かという大きな議論も残されているといえよう．反対に，これは安全運行の責任を誰がとるのかということにも直結する．もう少し広い枠組みでみれば，自動運転による新たなモビリティ確保の方策は，地域公共交通の一つとなるのか，従来の自家用車の枠組みに回収されるのか，という議論にもなる．この点については，今後の自動運転車の普及動向を注視しながら，継続した地域での実地調査を行っていくことでシステムの変容と住民の姿勢の変化を捉えていきたい．

1．本書のまとめ

　本書では，地域公共交通の新展開と，それがどのように地域住民のモビリティ確保に寄与しうるのか，主としてケーススタディを通じて考察してきた．とりわけ，交通モードとアクター双方の新たな展開に着目し，デマンド交通や自家用有償旅客運送，住民主体のバスといった交通手段を，社協や NPO 法人，住民組織等のこれまで地域公共交通の文脈では一般的ではなかったアクターがどのように運行・運営しているのか，国内外の各地の事例から検討した．

　第3章から第5章にかけては，主にローカルな調査研究から考察を行ってきたが，第6章を通じて，ライドシェアやカーシェアという新たな交通の導入はグローバルな潮流の中にあることも確認してきた．さらに，ドイツのアルツベルク町における住民バスの事例からは，国も地域も異なるものの，ケーススタディでみてきた玉城町や京丹後市と同じような取り組みが行われていたことも興味深い．この点は，ドイツでのさらなる現地調査を視野に入れながら，共同性が成立する文化的背景や住民が積極的に関与する要因を深く掘り下げていきたい．

　改めてケーススタディを概観してみれば，先行研究で西村（2007）が「バス

かマイカーかの選択のみが可能とされる社会ではなく，それとは別の望ましい交通システム」に言及していたが，本書で取り上げてきた事例はいずれも，公共交通か自家用車かという二者択一の議論ではなく，まさに「それとは別の望ましい交通システム」であったといえる．とりわけ，新たな交通が既存の公共交通の補完・代替機能を果たしうる点は，他地域への政策的なインプリケーションともなるであろう．

　いうまでもなく，デマンド交通やライドシェアというモード，あるいは社協やNPO法人というアクターが「新しい」からといって成果を上げているのではない．地域社会の動態的な変化の中で，従来の枠組みにとらわれず，新たなアクターが主体的に参画し，地域公共交通の新たな展開を通じて住民参加や住民協働が成立してきている．また，こうした新たなアクターと，従来のアクターである自治体や交通事業者にも内部の変化が訪れているという点で，ある意味では螺旋状の発展を遂げているともいえよう．

　すなわち，新たな交通モード／アクターの役割やその独自性が明らかになりつつある一方で，従来のモード／アクターともいえる，交通事業者や自治体による路線バスやコミュニティバスも，その実践次第で地域住民のモビリティ確保に資する可能性は大いにあるということを意味する．従来のような大量・長距離輸送を前提とした公共交通の路線設定に戻すのではなく，地域住民の多様化・複雑化する生活ニーズを把握し，これに対応する形で交通政策やローカル・ガバナンスの展開が求められているのである．

2．求められうる解決方策

　本書でのケーススタディと理論的な整理をふまえて，ここでは多様な市民・住民のモビリティ確保のために求められうる解決方策について述べたい．

　第1に，差し迫った課題である高齢運転者の運転免許の返納をどのように考えるかという点であるが，これには次の点が重要であると考えられる．現在における議論では，高齢運転者の文脈において，運転免許を返納するかしないかという二者択一の議論になってしまう傾向にある．ただ，多くの高齢者は病気や怪我，認知症発症などの「後に」返納する．つまり，健康状態や生活レベル

が落ちた後のため，公共交通利用すら困難な状態にあることが推測される．

　したがって，高齢運転者に対してただ単純に運転免許返納を強く促進するのではなく，日常生活の中でクルマへの依存を減らしながら他の移動手段への転換を促し，返納後の生活を想像してもらうことも求められる．もちろん，その「他の移動手段」は地域によって格差があることは本書でもたびたび述べてきたが，自らの運転に不安を感じるようになった場合には運転を「減らす」ことも一つの方策として考えられるのではないだろうか．

　第2に，地域公共交通のネットワーク化やアクター間の連携・協働に際しては，議論の「プラットフォーム」を構築することが重要であると考えられる．もちろん地域公共交通会議という形式的なものも，政策上は必要なものであるが，それだけではなく住民の声を拾い集めるワークショップ，さらにインフォーマルな場として，日常生活での井戸端会議に至るまで，生活の様々な場面で，移動を含めた地域課題について話し合い，真に市民・住民の生活ニーズを抽出することが必要とされている．このために，市民・住民が集まるプラットフォーム（必ずしも「場所」というわけではなく，時には「機会」といえるかもしれない）をいかに形成していくかが次なる論点となるであろう．

　第3に，地域公共交通における各アクターの役割分担についてである．本書では新たなアクターによる取り組みに着目していることもあり，特徴的な住民参加の事例をみてきたが，あくまで市民・住民の参加は絶対ではない．仮に地域に鉄道やバスが存在するのであれば，それをいかに活用していくかに重きを置いて考えていく必要がある．つまり，何を中心に置き，それをどのように補完していくのかというアクターの役割分担とそのプロセスが一層，重要となってくるであろう．近年では，鉄道やバスが地方部では利用者減少によって，その存続が問われる中で，地域住民に身近な「生活交通」が求められており，自家用車への乗り合いなどの事例がみられる．クルマ社会においては，あくまで公共交通をいかに補完しうるのかということが要点となるが，市民・住民が自家用車とどのように共存し，活用していくかも重要となる．

　また，地方部でのMaaS等の新たなモビリティ・サービスの展開を考える際，既存のアクターである商業・医療・福祉に関わる施設との連携も求められる．現在の日本では，先に挙げたいずれの施設もいわゆる「送迎バス」を持ってい

る場合が多く，かつその地域の一般路線バスよりも利用者を獲得しているケースがある．これは，施設の維持存続や，利益を上げるためにはもちろん必要なことであるが，基本的には単一の目的（商業施設なら買い物，医療施設なら診療）しか達成できない．

一方で，地域生活を送る上では買い物に行き，病院で診察，そして友人に会うといったように，複数の目的を1日で達成したい場合も当然あるものと考えられる．そこで，MaaS という新たな取り組み（あるいは MaaS に近いようなもの）の中で，公共交通とそれ以外の私的なもの，施設の送迎も含めた「モビリティ」が一つのプラットフォームに統合されることで，複数の目的を，複数の手段で実現することが可能となる．もちろんこの実現のためのハードルは高く，多いことが予想されるが，生活者の視点に立った地域における移動のあり方を考えることも，これからの政策立案者などに求められるものと考えられる．

3．今後の研究課題

以下では，本書での検討をふまえた今後の研究課題について整理していきたい．

2000 年代以降の日本では，第1章でもみてきたように，とりわけ過疎地や地方部を中心に，コミュニティバスやデマンド交通，乗合タクシー，自家用有償運送など，様々なトライ・アンド・エラーが講じられてきた．20 年余りが経過する中で，そして全国的に多様な事例が共有される中で，利用者獲得ができずに不採算による路線減少，事業者の撤退など，「同じ轍を踏む」現象がいまだに散見される．しかし本書で取り上げてきたいくつかの事例にもあるように，いまやアクターやモードは多様化し，それを「選び取る」ことが実践的課題の一つとなっている．そういった点では，ますます地域のローカル・ガバナンスという観点が重要となってくるが，理論的な整理も含めて今後の調査・研究課題の一つとしたい．

学術的背景として，これまでの交通研究で取り上げられることの少なかった社会学・地域社会学の視座を参照してきた．たとえば地域社会学からは，「なぜそのアクターが地域公共交通に取り組んだのか」，あるいは，どのように他

のアクターとの関係性を築いてきたのかという点に着眼して，それらをケーススタディから一定程度明らかにしてきた．

さらに，社会学からは，ジョン・アーリらのモビリティに関する研究を参照することで，研究背景でも示したモータリゼーションや地域社会の変化という地域公共交通を取り巻く環境の動態を捉えようとしてきた．とりわけ，アーリのいう自家用車の「脱私有化」は，近年のライドシェアやカーシェアの動向を捉える際のレンズとなるであろう．また，こうした社会学・地域社会学からのアプローチは，交通モードや採算性への着眼が主であった従来の交通研究に，新たな視座を付け加えうるものと考えられる．デマンド交通やライドシェアという交通モードに関しては，日本国内でも一定の研究蓄積があるものの，第6章で言及した欧州における MaaS の取り組みは，まだ社会的にも学術的にも認知度の低いものであるといえよう．そうした意味では，本書で欧州の取り組みから若干の考察を行ったことで，今後の研究の水路づけとしたい．

さて，その MaaS は，ICT の進展によって生み出されたサービスであるが，ライドシェアやカーシェア，そしてタクシーへの相乗りなど，既存の公共交通のギャップを埋めることが期待される．これらの形態は，いずれも他者と関わり合う機会が創出されうるものと考えられる．住宅街に居住する通勤者を例に挙げると，これまでは自動車での「孤独な通勤」であったものが，MaaS のもとでは，他者とシェアしている自動車で駅まで行き，そこから電車に乗り，降りた駅から同僚とタクシーへ乗り合う，ということを想定できる．

通勤のみならず，日常生活における移動が個人化・個別化している傾向にある現代社会においては，アーリのいう公共移動（moving in public），あるいは公共移動化（public mobilization）が，自動車と公共交通を取り巻く論点となるであろう．特に，地域住民のモビリティ確保という文脈では，かつての鉄道が様々な場所にいる人々を結びつけた（Urry, 2007＝2015: 139）ように，地域社会の中で広く遠くに居住している住民を，欧州の MaaS のような新しいサービスがつなげていくことも考えられる．

またアーリは，「会うこと」によるネットワーク形成や，フェイス・トゥ・フェイス，すなわち対面で話すこと，あるいはそのための「場所」の意義を説いている．この点，本書の第3章で提示した「社会的ネットワークと地域公共

交通利用の関連性」（図3-8［第3章]）や，第5章の「地域の拠点とコミュニティ交通の相互作用」（図5-1［第5章]）とも共通しており，社会的なネットワークやつながりの維持・構築のためには移動が必要とされ，そのための手段も必要とされることを，ここで改めて述べておきたい．

　反対に，交通サービス／モビリティ・サービスを整備するのみでは，それがどれだけ高度なものであったとしても，目的とする場所や，社会的ネットワークがなければ無意味なものとなるであろう．このような文脈で，今後の研究においてはモビリティや交通という主題を中心に据えながら，これらと地域社会における場所やネットワークとの関連を，さらなる詳細な地域調査から明らかにしていくことが必要とされる．こういった点は，近年における「地域の居場所づくり」に関する議論にも，移動や交通という視点から本書は有益な示唆を与えうるものと考えられる．

　本書では，公共交通アクターに着目した社会学的研究を展開してきたが，本書を通じて，改めて地域住民や公共交通利用者に目を向けて，生活ニーズや日常的な移動の実態を明らかにしていく必要があることがわかった．これからの研究における具体的な主題（あるいは研究課題）として，地域住民のライフステージとライフスタイルという二つの基軸を提示しておきたい．すなわち，どのような年齢層の住民が，生活上のどういった機会に移動手段を必要としているのか，という視点である．

　実地調査でみてきた複数の事例では，多様なアクターによる取り組みが，移動のニーズを顕在化させ，一定以上の課題解決に努めてきた点は改めて述べるまでもないが，それでもすべての地域住民のモビリティが確保されているとは言い切れない．そこで，ライフステージという縦軸と，ライフスタイルという横軸から，地域住民のモビリティ確保を構想し，調査研究を展開することで，より社会包摂的な地域公共交通の方策を提示していくことが可能となるものと考えられる．また，本書では質的調査を主な手法として用いてきたが，ライフステージやライフスタイルという観点から研究を展開するにあたっては，計量的な手法も必要となるため，調査手法の組み合わせ等も求められるが，この点は今後の研究課題としたい．

参 考 文 献

外国語文献

Beckmann, J. (2005) "Mobility and Safety" in Featherstone, M., N. Thrift, and J. Urry, *Automobilities*, SAGE Publication Ltd. (近森高明訳「移動性と安全性」[『自動車と移動の社会学　オートモビリティーズ』に所収] 法政大学出版局（新装版），2015 年).

Brake, J., J. D. Nelson, and S. Wright (2004) "Demand responsive transport: towards the emergence of a new market segment," *Journal of Transport Geography*, Vol. 12, pp. 323–337.

Cesari, M. (2017) "Physical Frailty and Sarcopenia: Development of a Framework for Supporting Interventions Against Incident Mobility Disability," *Annals of Geriatric Medicine and Research*, Vol. 21, No. 2, pp. 42–48.

Church, A., M. Frost., and K. Sullivan (2000) "Transport and Social Exclusion in London," *Transport Policy*, Vol. 7, pp. 195–205.

Dovey-Fishman, T. (2012) "Digital-Age Transportation: The Future of Urban Mobility," *Deloitte University Press*, pp. 1–42.

Elliot, A. and J. Urry (2010) *MOBILE LIVES*, Routledge (遠藤英樹監訳『モバイル・ライブス　「移動」が社会を変える』ミネルヴァ書房，2016 年).

Fairhall, N., C. Sherrington, S. E. Kurrle, S. R. Lord, K. Lockwood, and I. D. Cameron (2012) "Effect of a multifactorial interdisciplinary intervention on mobility-related disability in frail older people: randomized controlled trial," *BMC Medicine*, 10: 120 pp. 1–13.

Giddens, A (2006) *Sociology 5th Edition*, Polity Press (松尾精文・西岡八郎・藤井達也・小幡正敏・立松隆介・内田健訳『社会学　第五版』而立書房，2009 年).

Gray, D., J. Shaw, and J. Farrington (2006) "Community transport, social capital and social exclusion in rural areas," *Royal Geographical Society*, Vol. 38, No. 1, pp. 89–98.

Haase, A., G-J. Hospers, S. A. Pekelsma, and D. Rink (2012) *Shrinking Areas: Front-Runners in Innovative Citizen Participation*, The Hague.

Hensher, D. A. (2017) "Future bus transport contracts under a mobility as a

service（MaaS）regime in the digital age: Are they likely to change?,"
Transportation Research Part A, 98, pp. 86-96.

Humes, E.（2016）*Door to Door*, Harper（染田屋茂訳『DOOR TO DOOR「移動」の未来』日経 BP 社，2016 年）.

Jittrapirom, P., V. Caiati, A.-M. Feneri, S. Ebrahimigharehbaghi, M. J. Alonso-González, and J. Narayan（2017）"Mobility as a service: A critical review of definition, assessments of schemes, and key challenges," *Urban Planning*, Vol. 2, No. 2, pp. 13-25.

Lucas, K.（2012）"Transport and social exclusion: Where are we now?," *Transport Policy*, 20, pp. 105-113.

Lucas, K., S. Tyler, and G. Christodoulou（2009）"Assessing the 'Value' of New Transport Initiatives in Deprived Neighborhoods in the UK," *Transport View*, Vol. 16, pp. 115-122.

Putnam, R. D.（2000）*Bowling alone: The collapse and revival of American Community*, New York: Simon & Schuster（柴内康文訳『孤独なボウリング 米国コミュニティの崩壊と再生』柏書房，2006 年）.

Ribeiro, P. and V. Rocha（2013）"Flexible public transport in low density areas," *Recent Advances in Engineering Mechanics, Structures and Urban Planning*, pp. 169-174.

Ribeiro, P. and P. Santos（2013）"Public transport towards sustainability in mid-sized municipalities," *Recent Advances in Engineering Mechanics, Structures and Urban Planning*, pp. 157-162.

Schiefelbusch, M.（2013）"BÜRGERBUS ─ THE (POTENTIAL) ROLE OF CIVIL SOCIETY IN SECURING MOBLITY FOR LOW-DENSITY AREAS," *Proceedings of the 1ˢᵗ EURUFU Scientific Conference*, pp. 23-34.

Shergold, I. and G. Parkhurst（2012）"Transport-related social exclusion amongst older people in rural Southwest England and Wales," *Journal of Rural Studies*, Vol. 28, No. 4, pp. 412-421.

Urry, J.（2000）*Sociology Beyond Societies: Mobilities for the Twenty-First Century*, Routledge（吉原直樹監訳『社会を越える社会学』（改装版）法政大学出版局，2015 年）.

──── （2005）"The 'system' of Automobility" in Featherstone, M., N. Thrift, and J. Urry（eds.）, *Automobilities*, SAGE Publication Ltd.（近森高明訳『自動車と移動の社会学 オートモビリティーズ』（新装版）法政大学出版局，

2015 年).

───（2007）*Mobilities*, Polity（吉原直樹・伊藤嘉高訳『モビリティーズ　移動の社会学』作品社，2015 年）.

Velaga, N. R., M. Beecroft, J. D. Nelson, D. Corar, and P. Edwards（2012）"Transport poverty meets digital divide: accessibility and connectivity in rural communities," *Journal of Transport Geography*, Vol. 21, pp. 102-112.

Westerlund, Y., A. Ståhl, J. Nelson, and J. Mageean（2000）"Transport telematics for elderly users: Successful use of automated booking and call-back for demand responsive transport services in Gothenburg," *7th World Congress on ITS CD-proceeding.*

日本語文献

青木亮（2017）「タクシーの機能と役割」『総合研究　日本のタクシー産業』太田和博・青木亮・後藤孝夫編，慶応義塾大学出版会.

秋山哲男・吉田樹編著，猪井博登・竹内龍介著（2009）『生活支援の地域公共交通　路線バス・コミュニティバス・ST サービス・デマンド型交通』学芸出版社.

安部誠治（2012）「交通権の意義とその必要性」『国際交通安全学会誌』第 37 巻第 1 号，14-22 頁.

石田徹・伊藤恭彦・上田道明編（2016）『ローカル・ガバナンスとデモクラシー　地方自治の新たなかたち』法律文化社.

岩村太郎（2008）「二つの時間意識：カイロスとクロノス」『恵泉女学園大学紀要』第 20 号，3-21 頁.

大久保敦彦（1983）『新講　交通社会学』八千代出版.

太田和博・青木亮・後藤孝夫編（2017）『総合研究　日本のタクシー産業』慶応義塾大学出版会.

大坪省三（1973）「交通に関する社会学的研究方法序説──地域研究を念頭において──」『茨城女子短期大学紀要』No. 3，36-45 頁.

岡並木（1973）『自動車は永遠の乗物か　新都市交通システム論』ダイヤモンド社.

奥山修司（2007）『おばあちゃんにやさしいデマンド交通システム』NTT 出版.

北川博巳・天野圭子（2010）「高齢者・障害者のための福祉交通環境整備に関する研究：市民参加型地域福祉交通の支援のあり方に関する研究」『兵庫県立福祉のまちづくり研究所報告集』43-48 頁.

木村俊介（2015）「今後の自治体の交通政策の方向性・課題」『人口減少社会にお

ける地域公共交通のあり方——都市自治体の未来を見据えて——』第4
章，公益財団法人日本都市センター，69-70頁．

黒田学（1999）「岐阜市東部の住宅団地における高齢期の暮らしとまちづくりの課
題：岐阜市芥見東・芥見南校区の生活実態調査を通して」『岐阜大学地域
科学部研究報告』第4号，47-66頁．

黒田学・中西典子・長谷川千春・野村実（2016）「地方分権改革と地域再生に関す
る調査研究——京都府北部地域における生活福祉とガバナンス——」『立
命館産業社会論集』第52巻第3号，125-138頁．

公益財団法人交通エコロジー・モビリティ財団（2015）「障害者差別解消の推進に
関する研究　交通事業者向け対応指針への提案」『障害者差別解消の推進
に関する研究　報告書』．

古平浩（2014）『ローカル・ガバナンスと社会的企業　新たな地方鉄道経営』追手
門学院大学出版会．

国土交通省編（2012）「平成23年度　国土交通白書」．

————（2015）「平成27年版　交通政策白書2015」．

国立社会保障・人口問題研究所（2013）「日本の地域別将来推計人口——平成22
（2010）〜52（2040）年」．

小林大祐（2017）『ドイツ都市交通行政の構造——運輸連合の形成・展開・組織機
制——』晃洋書房．

是川晴彦（2013）「安曇野市のデマンド交通システムの実態と考察」『山形大学紀
要（社会科学）』第43巻第2号，145-165頁．

近藤宏一（2008）「地域における公共交通事業の今後のあり方についての一考察
——国際的な動向もふまえて——」『立命館経営学』第46巻第6号，
123-142頁．

齊藤康則（2012）「転換期におけるコミュニティ交通の展開とその課題——日立市
塙山学区「木曜サロンカー」をめぐる地域住民と交通事業者の協働」『東
北学院大学経済学論集』第179号，13-30頁．

真田是（1997）『地域福祉と社会福祉協議会』かもがわ出版．

————（2003）『社会福祉の今日と明日』かもがわ出版．

正司健一（2016）「関西から交通と未来について考える」『運輸と経済』第76巻第
3号，2-3頁．

鈴木文彦（2013）『日本のバス—— 100余年のあゆみとこれから——』成美堂出版．

砂田洋志（2015）「三重県玉城町における地域公共交通システム——元気バスの調
査報告——」『山形大学人文学部研究年報』第12号，67-82頁．

関満博（2015）『中山間地域の「買い物弱者」を支える　移動販売・買い物代行・送迎バス・店舗設置』新評論.

髙橋愛典（2004）「イギリス地域交通市場における非営利組織の役割——社会的排除対策に関連して——」『近畿大学　商経学叢』第 50 巻第 3 号, 225-243 頁.

————（2006）『地域交通政策の新展開　バス輸送をめぐる公・共・民のパートナーシップ』白桃書房.

————（2007）「英国に学ぶ——コミュニティ輸送とその支援策——」『株式会社地域未来研究所　Regional Futures』No. 10, 8-11 頁.

髙橋愛典・野木秀康・酒井裕規（2017）「京丹後市の道路公共交通政策——上限 200 円バスからシェアリング・エコノミーへ？——」『近畿大学　商経学叢』第 63 巻第 3 号, 77-99 頁.

竹内伝史・古田英隆（2008）「コミュニティバス事業の総括の試み——計画における理念と現実, 運行後の実態そして評価——」『土木計画学研究・論文集』Vol. 25, No. 2, 423-430 頁.

竹内龍介・中村文彦（2005）「運行形態別 DRT システムの導入効果の評価について」『土木計画学研究講演集』第 31 巻, 259 頁.

竹内龍介（2009a）「コミュニティバス」『生活支援の地域公共交通　路線バス・コミュニティバス・ST サービス・デマンド型交通』秋山哲男・吉田樹編著, 猪井博登・竹内龍介著, 学芸出版社, 79-101 頁.

————（2009b）「デマンド型交通（DRT）」『生活支援の地域公共交通　路線バス・コミュニティバス・ST サービス・デマンド型交通』秋山哲男・吉田樹編著, 猪井博登・竹内龍介著, 学芸出版社, 79-101 頁.

田代英美（2011）「地方圏における生活交通の社会学的検討」『福岡県立大学人間社会学部紀要』Vol. 20, No. 2, 59-72 頁.

谷内久美子・猪井博登・新田保次（2010）「住民主体型バスサービスの事業化プロセスに関する事例比較分析」『交通科学』Vol. 38, No. 1, 11-15 頁.

辻本勝久（2011）『交通基本法時代の地域交通政策と持続可能な発展——過疎地域・地方小都市を中心に』白桃書房.

土屋正忠・武蔵野市建設部交通対策課・馬庭孝司編著（1996）『"ムーバス"快走す』ぎょうせい.

津止正敏（1986）「障害者の外出要求と交通権」「季刊障害者問題研究」No. 47, 29-42 頁.

寺田一薫編著（2005）『地方分権とバス交通』勁草書房.

寺田一薫・中村彰宏（2013）『通信と交通のユニバーサルサービス』勁草書房.

寺田一薫・寺田英子（2014）「英国の需要応答型輸送（DRT）によるアクセシビリティの確保に関する一考察：日本の地方部の事例との比較」『公益事業研究』第66巻第1号，19-29頁.

土居靖範（1986）「地域交通と交通権」『交通権　現代社会の移動の権利』交通権学会編，137-170頁.

─────（2006）「市民共同方式による，市民がつくり支える地域公共交通の構築──脱『クルマ社会』を目指す未来戦略の具体的方策──」『立命館経営学』第45巻第3号，1-30頁.

─────（2007）「『地域公共交通の活性化及び再生に関する法律』の評価と課題──この法律をステップにして交通基本法制定へ大きく踏み出そう」『立命館経営学』第46巻第3号，1-26頁.

─────（2010）「自治体による生活交通再生の評価と課題(II)──京都府内地方部における乗合バスに焦点をあてた検証──」『立命館経営学』第49巻，第4号，47-72頁.

土居靖範・可児紀夫編著（2014）『地域交通政策づくり入門』自治体研究社.

土居靖範・丹間康仁（2014）「中山間地域における高齢者買い物支援システムの展望──宅配を通じた地域福祉実践の展開に向けて──」『立命館経営学』第52巻第6号，75-97頁.

所正文（2009）「高齢者の運転適性とニュー・モビリティーシステム導入の必要性」『運輸と経済』第69巻第9号，25-32頁.

所正文・小長谷陽子・伊藤安海（2018）『高齢ドライバー』文藝春秋.

中西正司（2014）『自立生活運動史　社会変革の戦略と戦術』現代書館.

長橋栄一（1986）「障害者とまちづくり」『京のまちづくりと障害者』法律文化社，15-28頁.

中村文彦（2006）『バスでまちづくり──都市交通の再生をめざして──』学芸出版社.

─────（2013）「三重県玉城町の元気バス」『政府間補助金が地域交通政策とモビリティ確保に与える影響に関する研究』日交研シリーズA-562.

西村弘（2007）『脱クルマ社会の交通政策──移動の自由から交通の自由へ──』ミネルヴァ書房.

─────（2009）「交通権と脱「クルマ社会」──移動の自由から交通の自由への意味──」『交通権』第26号，27-37頁.

野田秀孝・萩沢友一（2014）「小地域福祉活動と公共交通問題についての一考察

　　　　　　　　　[――A市社会福祉協議会における取組から――]」『富山大学人間発達科
　　　　　　　　　学部紀要』第8巻第2号，49-55頁．

野村実（2015）「高齢社会における地域公共交通の再構築と地方創生への役割――
　　　　　　　　　三重県玉城町と長野県安曇野市におけるデマンド交通の事例から――」
　　　　　　　　　『立命館産業社会論集』第51巻第2号，157-176頁．

――――（2016）「人口減少社会における次世代型地域交通に関する事例研究――
　　　　　　　　　兵庫県丹波市と京都府京丹後市の事例から――」『国際公共経済研究』第
　　　　　　　　　27号，76-85頁．

――――（2016）「都市部における生活ニーズに応じたコミュニティ交通の役割
　　　　　　　　　――神戸市東灘区住吉台における新交通システムの事例から――」『立命
　　　　　　　　　館産業社会論集』第52巻第2号，99-112頁．

――――（2017）「障害者のアクセシビリティ――誰もが移動しやすい交通環境と
　　　　　　　　　は？――」黒田学編『アジア・日本のインクルーシブ教育と福祉の課題』
　　　　　　　　　クリエイツかもがわ，153-166頁．

羽藤英二（2015）「遅い交通の時代」『運輸と経済』第75巻第1号，2-3頁．

馬場清（1999）「障害者・高齢者らの交通権」『交通権憲章　21世紀の豊かな交通
　　　　　　　　　への提言』18-23頁．

日比野正己（1968）「交通権の思想」『交通権　現代社会の移動の権利』交通権学
　　　　　　　　　会編，1-30頁．

――――（1999）「交通権思想の源流と先駆性」『交通権憲章　21世紀の豊かな交
　　　　　　　　　通への提言』92-97頁．

福田晴仁（2005）『ルーラル地域の公共交通――持続的維持方策の検討――』白桃
　　　　　　　　　書房．

藤井聡・谷口綾子・松村暢彦（2015）『モビリティをマネジメントする　コミュニ
　　　　　　　　　ケーションによる交通戦略』学芸出版社．

松尾光芳・小池郁雄・中村実男・青木真美（1996）『交通と福祉――欧米諸国の経
　　　　　　　　　験から――』文眞堂．

室井研二（2009）「「縮小」社会の合併・分権改革――交通社会学的考察――」『社
　　　　　　　　　会分析』36号，65-81頁．

元田良孝・高嶋裕一・宇佐美誠史・金田一真矢（2005）「DRT（デマンドバス）に
　　　　　　　　　関する幾つかの考察」『土木計画学研究講演集』Vol.31．

森栗茂一編著，猪井博登・時安洋・野木秀康・大井元揮・大井俊樹著（2013）『コ
　　　　　　　　　ミュニティ交通のつくりかた』学芸出版社．

森田朗（2005）「分権のゆくえと地方再生」『「交通」は地方再生をもたらすか――

分権時代の交通社会——』第3章，技報堂出版.

森本章倫（2015）「人口減少社会と都市」『人口減少社会における地域公共交通の
　　　あり方——都市自治体の未来を見据えて——』第1章，公益財団法人日
　　　本都市センター，9-10頁.

大和裕幸・稗方和夫・坪内孝太（2006）「オンデマンドバス——公共サービスに於
　　　けるイノベーション——」『オペレーションズ・リサーチ：経営の科学』
　　　第51巻第9号，579-586頁.

湯川利和（1968）『マイカー亡国論』三一新書.

吉原直樹（2008）『モビリティと場所　21世紀的都市空間の転回』東京大学出版会.

あ と が き

　本書は，筆者が立命館大学大学院社会学研究科に提出した博士学位請求論文「地域公共交通の新展開によるモビリティ確保の方策──公共交通アクターに着目した社会学的研究──」に加筆・修正を施したものである.

　本書のうち，第 2 章の一部は，「障害者のアクセシビリティ──誰もが移動しやすい交通環境とは？」（黒田学編『アジア・日本のインクルーシブ教育と福祉の課題』，クリエイツかもがわ，2017 年），第 3 章は「高齢社会における地域公共交通の再構築と地方創生への役割──三重県玉城町と長野県安曇野市におけるデマンド交通の事例から──」（『立命館産業社会論集』第 51 巻，第 2 号，2015 年），第 4 章は「人口減少社会における次世代型地域交通に関する事例研究──兵庫県丹波市と京都府京丹後市の事例から──」（『国際公共経済研究』第 27 号，2016 年），第 5 章は「都市部における生活ニーズに応じたコミュニティ交通の役割──神戸市東灘区住吉台における新交通システムの事例から──」（『立命館産業社会論集』第 52 巻第 2 号，2016 年）を初出とする.

　あとがきに際して，立命館大学の学部時代から大学院博士後期課程まで指導教員としてお世話になった黒田学先生に，まず御礼を申し上げたい. 黒田先生が常々口にされる「社会の実態をみて研究すること」,「誰かがやらなければ社会は絶対に変わらない」という 2 点は，自らが研究を進める上での信条でもあった. また，先生のご専門は地域福祉・障害者福祉であるにもかかわらず，筆者が毎週のゼミのたびに地域公共交通の話題でレジュメを作成していっても，非常に興味関心を持って聞いてくださり，進むべき方向に的確に導いてくださったことで，現在も研究を続けられていると確信している. 特に，イタリアやポーランド，ベトナムなどの海外での調査機会を与えていただき，こうしたフィールドワークや共同での論文執筆，翻訳作業などを行う中で，先生の研究への姿勢や社会問題へのアプローチの方法から学ばせていただく点も非常に多い.

　博士論文の執筆にあたっては，副査である津止正敏先生，石倉康次先生，近藤宏一先生に，それぞれ多角的な視座からコメントやご意見をいただいた. 津

止先生，石倉先生には地域福祉論と社会福祉学の視点から，現代の地域公共交通における住民運動や共同活動の構造的連関を捉えるということをご教示いただき，本書では筆者の力量不足から部分的にしか触れることができなかったが，今後研究を進めていく上での大きな「宿題」にこれから取り組んでいきたいと考えている．また，経営学部に所属される近藤先生には，交通論の視点から地域公共交通の現代的課題や，ドイツ「住民バス」の事例研究に関するご助言を含め，様々なアドバイスを頂いてきた．

　筆者が学部生の卒業論文を執筆している時から，近畿大学の髙橋愛典先生には大変お世話になっている．髙橋先生には公益事業学会をはじめ，様々な学会・研究会にお声がけいただき，2017年には国際学会において共同で口頭報告をさせていただくなど，学外の指導教員のようにご指導を仰いできた．本書にも第4章等で触れているように，京都府北部地域や兵庫県北部地域のフィールドワークには，髙橋先生，酒井裕規先生（神戸大学）とご一緒させていただいており，大変お世話になっている．

　さらに，筆者の所属学会である国際公共経済学会では西藤真一先生（島根県立大学），小熊仁先生（高崎経済大学），藤井大輔先生（東京交通短期大学）をはじめ，交通政策を専門とする多くの先生方から学会発表や論文執筆にあたってご意見，ご助言をいただいてきた．特に，市場経済社会の中で，公共的な要素や協同組合の役割をどのように捉え，位置付けられうるのかという点は，現代の，そしてこれからの交通を考える上でも重要な点であろう．また，筆者が博士前期課程2年時に同学会の第6回奨励賞を2014年12月に受賞した経験は，研究を進める上での大きな励みとなっている．

　現在の勤務先である大谷大学では，社会学部長の志藤修史先生，大原ゆい先生をはじめ，文学部社会学科および社会学部（2018年4月設置）の先生方に大変お世話になっている．特に，学生とのフィールドワークで京都市北区中川学区や，南丹市美山町などを訪れ，地域住民や様々なアクターの方々と対話する中で，交通問題に限らず多様化・複層化する生活課題にどうアプローチしていくか，日々考えるきっかけを頂いている．また，2018年度は学内の特定研究「地域と寺院研究」の特別招聘者として，社会学部以外の先生方にもお世話になっており，地域における寺院の役割や，人口減少の進む地域における「場所

とモビリティ」といったことについて深く考える機会を頂いている.

　大学院博士後期課程の同期入学の深川光耀さん,石田賀奈子さんには,立命館大学大学院社会学研究科の院生共同研究会で特にお世話になり,コミュニティや地域をめぐる諸課題,それを解決しようとする多様なアクターの取り組みについて議論を交わし,時にはフィールドワークにご一緒させていただいた.研究のみならず,お二人には様々な場面で(時には人生の先輩として)ご助言をいただき,現在でも筆者にとっては心強いメンターであると思っている.

　また,筆者の所属していた立命館大学大学院や現在の勤務先である大谷大学では,研究等を進める上で多数の職員の方々にお世話になってきていることも,ここで付言しておきたい.

　最後に,私事ではあるが,大学院まで行かせてもらい,研究者になることに背中を押してくれた両親に感謝の言葉を送りたい.また,妻・江里奈には研究生活を送る上で様々な助言をもらうことも多く,日々刺激を受けながら研究に励むことができている.普段は感謝の言葉を伝えることはほとんどないが,妻と両親に本書を捧げることとしたい.

　　2018 年 12 月

　　　　　　　　　　　　　　　　　　　　　野 村 　実

とモビリティ」といったことについて深く考える機会を頂いている．

　大学院博士後期課程の同期入学の深川光耀さん，石田賀奈子さんには，立命館大学大学院社会学研究科の院生共同研究会で特にお世話になり，コミュニティや地域をめぐる諸課題，それを解決しようとする多様なアクターの取り組みについて議論を交わし，時にはフィールドワークにご一緒させていただいた．研究のみならず，お二人には様々な場面で（時には人生の先輩として）ご助言をいただき，現在でも筆者にとっては心強いメンターであると思っている．

　また，筆者の所属していた立命館大学大学院や現在の勤務先である大谷大学では，研究等を進める上で多数の職員の方々にお世話になってきていることも，ここで付言しておきたい．

　最後に，私事ではあるが，大学院まで行かせてもらい，研究者になることに背中を押してくれた両親に感謝の言葉を送りたい．また，妻・江里奈には研究生活を送る上で様々な助言をもらうことも多く，日々刺激を受けながら研究に励むことができている．普段は感謝の言葉を伝えることはほとんどないが，妻と両親に本書を捧げることとしたい．

　2018 年 12 月

野　村　　実

索　引

CASE　138

MaaS（Mobility as a Service）　139, 142, 152, 154, 157, 183, 185

NPO 法人　107, 108, 156, 165, 170

STS（スペシャル・トランスポート・サービス）　67

アクター　46, 61, 65, 82, 83, 88, 180

安曇野市　79

あづみん　78, 79

ウーバー　38, 59, 91, 106

運転免許返納　16

岡並木　50

遅い交通　168

カーシェア　58, 127, 136

京都府京丹後市　90, 103

クルマ社会　15

元気バス　73, 74, 84

公共移動　58

公共交通空白地域　25, 90

公共交通空白地有償運送　39, 107

交通権　51, 52

交通社会学　161, 163, 164

交通弱者　16, 49, 52, 62

交通政策基本計画　24, 27, 28

交通政策基本法　24, 27, 45, 117

交通政策白書　17, 90

神戸市東灘区住吉台　117

高齢社会白書　66

高齢ドライバー　16, 21, 23

コミュニティバス　31

ザクセン州ノルトザクセン郡アルツベルク町　146

ささえ合い交通　103, 105, 108, 110

サブスクリプション（定額）方式　140, 141, 143

自家用有償運送　90, 97, 103, 106, 154, 156, 170

自家用有償旅客運送制度　37

次世代型地域交通　90, 110

自動運転　154

市民参加　46

社会的ネットワーク　84

社会的排除　169

社会的包摂　152, 169, 176

社会福祉協議会（社協）　65, 81, 87, 165, 170

住民参加　85, 113, 165

住民自治　85

住民バス　146, 150, 152

障害者運動　52

ジョン・アーリ　55

人口減少社会　90

住吉台くるくるバス　117, 126, 129

生活問題　54, 175

代表交通手段　19, 20

タクシー事業　26

脱私有化　58, 59, 109, 185

地域公共交通　24, 87, 177, 181, 183

　　——網形成計画　27, 28

　　——会議　43

　　——の活性化及び再生に関する法律　24, 154

地域住民　45

地域福祉　65, 82

デマンド交通　35, 65, 79, 81, 170

デマンドタクシー　98, 100, 109

道路運送法　37, 38

長野県安曇野市　78

乗合タクシー　33, 34

乗合バス　25, 42

兵庫県丹波市　90, 98

フェイス・トゥ・フェイス　55, 185

福祉有償運送　67

フレイル　67

フレキシビリティ　57, 58

三重県玉城町　73

ムーバス　32

免許返納　24

モータリゼーション　46, 49
モビリティ　56, 167, 169, 176
　　──・マネジメント　104, 119
　　──確保　53, 54, 62, 69, 72
　　──論　55

湯川利和　49
ライドシェア　38, 58, 91, 95, 96, 127, 136
ラストワンマイル　127, 131
ローカル・ガバナンス　170, 171

著者紹介

野村　実（のむら　みのる）
　　1990 年　兵庫県生まれ
　　2018 年　立命館大学大学院社会学研究科博士課程後期課程修了
　　　　　　博士（社会学）
　　現　在　大谷大学文学部任期制助教

主要業績

「過疎地域におけるモビリティ確保の方策——自家用車を活用した地域公共交
　　通の展開——」『哲学論集』（大谷大学）第 65 号，2019 年.
「高齢社会における地域公共交通の新展開——新たな公共交通アクターとして
　　の社会福祉協議会——」『交通権』第 35 号，2019 年.
「過疎地域における自家用有償運送の展開——兵庫県養父市における「やぶく
　　る」の事例から——」『過疎地交通の新展開と地域コミュニティへのイン
　　パクト』（日交研シリーズ A-770）第 2 章，日本交通政策研究会，2020
　　年.

クルマ社会の地域公共交通
——多様なアクターの参画によるモビリティ確保の方策——

| 2019 年 3 月 30 日　初版第 1 刷発行 | ＊定価はカバーに |
| 2020 年 5 月 25 日　初版第 2 刷発行 | 　表示してあります |

著　者　野　村　　実ⓒ

発行者　萩　原　淳　平

印刷者　田　中　雅　博

発行所　株式会社　晃　洋　書　房

〒615-0026　京都市右京区西院北矢掛町 7 番地
電話　075 (312) 0788番代
振替口座　01040-6-32280

装丁　野田和浩　　　　印刷・製本　創栄図書印刷㈱

ISBN 978-4-7710-3198-2

JCOPY〈㈳出版者著作権管理機構　委託出版物〉
本書の無断複写は著作権法上での例外を除き禁じられています.
複写される場合は，そのつど事前に，㈳出版者著作権管理機構
（電話 03-5244-5088, FAX 03-5244-5089, e-mail:info@jcopy.or.jp）
の許諾を得てください.